UN ANTROPOLOGO PRIMITIVO

EN LOS

ESTADOS UNIDOS DE AMERICA

Dedicado a mi familia, Moises, Susana y Jeanine.

UN
ANTROPOLOGO PRIMITIVO
EN LOS
ESTADOS UNIDOS DE AMERICA

RICARDO L SABOGAL

UNIVERSIDAD NACIONAL DE TRUJILLO
UNSAAC
SPAV

Universidad Nacional de Trujillo
UNT, Peru
Centro de Promocion y Desarrollo
CEPRODE, UNT, Peru

Universidad Nacional de San Antonio Abad del Cusco
UNSAAC, Peru

Sociedad Peruana de Antropologia Visual

ISBN 978-1452846514

Contenido

6

Presentación

El presente libro es parte del producto de cuatro años de investigación de campo en los Estados Unidos de América y ha sido hecho posible gracias a la colaboración de innumerables nativos americanos, inmigrantes, residentes y ciudadanos estadounidenses quienes con mucho entusiasmo dieron su valiosa información.

El título del libro *'Un antropólogo primitivo en los Estados Unidos de América'* se debe principalmente a que la mayoría de antropólogos reconocidos en el mundo académico se consideran ciudadanos instruidos de países civilizados que estudian culturas 'primitivas' de lugares lejanos. Un colega europeo me dio la idea de este título al comentar que las culturas sudamericanas son 'estudiadas' por los europeos o norteamericanos y no viceversa. En mi caso, yo soy un antropólogo peruano que ha viajado a los Estados Unidos para estudiar algunos aspectos de su cultura.

He realizado siete trabajos más sobre antropología y cultura humana. Mi trabajo de campo de cuatro años en Italia sobre la interculturalidad, la migración moderna, el odio, la bondad y otros sentimientos se encuentra en el libro *'El club de los lagartos'.* La etnografía basada en tres años de residencia sobre la vida de los habitantes de la comunidad campesina de Tambomachay en Cusco se ha publicado en la obra *'Vivir y morir en Tambomachay'.* Historias sobre los conflictos entre antropólogos desarrollistas y antropólogos culturalistas que trabajan en la selva amazónica se han presentado en el texto *'Perdonando a Dios'*. Mis experiencias en la interculturalidad, identidades, religiones, autoestimas, sentimientos y nacionalismos en diversos países como profesor se encuentran en la pequeña publicación *'El profesor de español'*. En la obra *'Antropología Insurrecta'* se trata temas polémicos de la antropología y su utilidad para el beneficio de la humanidad. Y la obra sobre algunos pescadores y surfers del hermoso balneario turístico milenario trujillano Huanchaco, producto de dos años de trabajo de campo, se ha presentado en la obra titulada *'Tup el pescador'*.

Le doy las gracias a mis padres, mi madre Susana, a mi esposa Jeanine, a mi familia, a mis amigos, al profesor José Becerra de la Universidad Nacional de Trujillo, y a todos aquellos que me ayudaron en mi trabajo de campo en los Estados Unidos de América. Muchas gracias a mis maestros de antropología de la Universidad Nacional de Trujillo y de la Universidad Nacional de San Antonio Abad del Cusco. También las gracias a mis maestras del *Delaware Tech* por sus valiosas lecciones. Y el agradecimiento a la Embajada de los Estados Unidos de América en Lima que me permitió ingresar a su país para realizar mis estudios y mi trabajo de campo como antropólogo.

'Yo veo la vida diferente porque he surfeado esta mañana'
(Un surfer en Huanchaco)

Huanchaco surf

Correr olas en tabla muy temprano por la mañana en Huanchaco debe ser una experiencia privilegiada y exclusiva de pocas personas. Y debe cambiar la manera de ver la vida. Estábamos esperando a los arqueólogos y antropólogos que lleguen de la selva, y mientras hacíamos eso, contemplábamos las maravillosas olas del mar que una tras otra emergían a la vida y se desvanecían en la orilla. Detrás de aquellos monstruos de agua salada se hallaban los tablistas que las dominaban y poseían elegantemente. Pude distinguir a través de la neblina que allí estaba Pipo Rodríguez Rivas, hermano de mi amigo Nando. Allí estaba en medio del organizado caos líquido y en medio del peligro, pero desde allí regresaba después de cada sesión de surf a la vida cotidiana de la ciudad trujillana. Cada mañana de una manera nueva y diferente.

Los estudiantes extranjeros de antropología se preguntaban si el surfing era un deporte, un arte, un estilo de vida o simplemente un pasatiempo. Y como la antropología es una ciencia holística, a alguien se le ocurrió sugerir que en la Universidad de Trujillo debería de haber un curso 'Antropología del surf', después de todo, Huanchaco es cuna de los más antiguos surfers del mundo.

Llegaron al fin los arqueólogos y nos fuimos todos a

visitar los lugares de los antiguos pobladores de Trujillo. Los
'buscadores de tesoros' venían de las mejores universidades
europeas y estadounidenses y nos necesitaban para poder trabajar
en el Perú. El etnohistoriador peruano que me acompañaba
estaba preocupado por las actividades de los 'turistas
académicos' extranjeros que 'decían una cosa pero hacían otra'.
Bueno, eran jóvenes y era comprensible. Después de recorrer los
sitios arqueológicos, regresamos a Huanchaco para comer el
delicioso cebiche, el cangrejo reventado y correr olas bajo la
tutela de los maestros huanchaqueros del surf. Fue una
experiencia maravillosa, inolvidable, y muy particular, porque en
Huanchaco se corren olas desde hace miles de años atrás, y con
solo saber esto, toda la atmósfera local se convierte en algo
subliminal.

"Me gustaría vivir aquí" dijo un arqueólogo francés.
"Este es el paraíso" exclamó una antropóloga suiza muy bonita
que tenía un montón de pretendientes. "Aquí se puede hacer
dinero", comentó un antropólogo inglés que adoraba la cerveza
cusqueña, "...en Escocia ganan dinero de los turistas porque 'se
cree' que hay un monstruo en un lago que nadie ha visto en
realidad, y si vas para allá, solamente encontrarás un monstruo
de plástico para que te tomes una foto; aquí hay un monstruo real
en la Huaca de la Luna, aquí hay historia viviente en Huanchaco,
y hay mucho más, y se puede hacer mucho, pero mucho dinero".
Yo les pregunté que por qué no se quedaban a vivir en
Huanchaco y me dijeron que no lo hacían debido solamente al

trabajo.

Después de haber trabajado con docenas de antropólogos y arqueólogos extranjeros por todo el Perú, se me ocurrió la idea de ir a conocer Estados Unidos porque muchos de ellos decían que allá estaban las mejores universidades del mundo y que ese país era el centro del mundo. Como sabemos, cada época en la historia ha tenido su centro mundial imperial de poder económico y militar, y este es el momento de los Estados Unidos. En un tiempo lo fue Egipto, en otro Grecia, Inglaterra, Babilonia, España, Roma...

La idea de estudiar algunos aspectos relevantes de la cultura estadounidense parece ser buena porque ahora, querámoslo o no, influye en gran parte del mundo. Además, la población de los Estados Unidos desciende de inmigrantes de casi todas las partes de la tierra. Los Estados Unidos dominan a gran parte de la sociedad mundial y es dueña de más del veinte por ciento de la economía mundial. Un solo país, de entre unos doscientos países del mundo, es el único dominante del poder mundial.

Y creo que también fue un reto estudiar a los Estados Unidos desde el punto de vista de la antropología, porque cuando mencioné la idea a mis colegas europeos y norteamericanos, mientras surfeábamos olas en Huanchaco, ellos se burlaron de mí.

'Las fronteras que dividen a los países no se ven desde el cielo'
(Un *cowboy* en Texas)

La Embajada de los Estados Unidos de América

Miles de cosas dijeron los expertos en visas. Que mintiera, que dijera la verdad, que lleve papeles, que no lleve. Al final opté por decir la verdad. El oficial de la embajada me preguntó que por qué yo quería ir a los Estados Unidos. Le dije que yo no quería ir, pero que había trabajado con muchos antropólogos estadounidenses y que quería visitar su país y estudiar en lo que se pueda su cultura, y le dije que era una buena idea conocer el centro económico y militar de turno. Pienso que el oficial no me escuchó y no miró los documentos que preparé con tanto esfuerzo. Lo único que hizo el oficial fue observar y analizar mi lenguaje corporal. Observó mis manos para descubrir alguna señal de ansiedad, me miró duramente a los ojos para ver si desviaba la mirada, signo de insinceridad, escuchó mi tono de voz y no el contenido de las palabras, y preguntó las mismas cosas de manera diferente para encontrar alguna contradicción. Al final de la entrevista me dijo que me llamaría después de una semana.

La verdad, regresé a Trujillo decepcionado y envidioso porque los antropólogos extranjeros pueden venir al Perú sin problemas, pero nosotros no podemos ir a sus países, así que continué con mi meta de aprender a surfear olas en el hermoso ambiente huanchaquero... hasta que un día me llamó la secretaria de la embajada de madrugada y me citó para una nueva entrevista. Yo le dije que sólo iba si me daban la visa, si no, no, porque el pasaje a Lima era caro y además no tenía mucho tiempo. La señorita me dijo que eso lo iba a saber en la cita, así es que fui a la cita porque necesitaba la visa y además ya había pagado mucho dinero por la entrevista. Finalmente, sentí mucho alivio cuando el oficial me dio mi visa de estudios para poder visitar el imperio central de la actualidad, los Estados Unidos de América.

Es muy interesante saber que alrededor de trescientas personas diarias solicitaban la visa estadounidense en el año 2005, según mis cálculos, y pagaban un poco más de cien dólares cada una. Es decir, el ingreso diario de la embajada era de unos 30,000 dólares. Según una empleada de la embajada, esa cantidad cubría apenas el costo de las visas. Yo no le creí.

Cuando estuve en la embajada, solamente unas cuatro personas recibieron su visa. Las entrevistas que realizaban a los solicitantes duraban pocos minutos y casi siempre la respuesta era 'no'. Eran entrevistas sicológicas rápidas y prejuiciosas. Los documentos no tenían importancia porque, como me explicó la misma empleada, se los podía falsificar fácilmente. Me refiero a las visas de turismo que eran la mayoría y que recibían una respuesta de aprobación o negación al instante, porque los otros tipos de visas, como la de estudiante, sí eran sometidas a minuciosa investigación. Cabe resaltar que en algunas embajadas europeas, donde los derechos sociales son más importantes, las visas para estudiantes son gratuitas.

30,000 dólares diarios era el costo diario para decir sí o no a unas trescientas personas desesperadas, la mayoría, por ir a trabajar al norte. En realidad, era el costo para decir no, porque el sí era una respuesta rarísima en la embajada estadounidense. En una hora pude observar a tres oficiales atender a unas treinta personas, y las treinta personas recibieron una respuesta negativa. El 'costo' de esa hora era de unos 3,000 dólares. En realidad, no era el costo total, porque las citas se hacían por teléfono y éstas tenían un precio adicional en el año 2005. Y según la última información, en este año 2009 es aún más caro.

Estados Unidos es el país de los negocios, y cada embajada es la representación de su respectivo país. Mi opinión es que las visas son simplemente un negocio más. Pero, ¿cómo podía funcionar un negocio que tenía ingresos por 30,000 dólares diarios? La idea básica análoga la encontramos en las tómbolas, los bingos, las rifas y las loterías. Y en la desesperación humana. En el Perú existe demasiada desocupación y los salarios son demasiados bajos, características propias de los países pobres. Todos los gobiernos han realizado trabajos mediocres y no han mejorado la situación del país. Sin ninguna esperanza en lo que pueda ofrecer el gobierno peruano, la gente opta por emigrar y escapar del Perú y de su pobreza hacia lugares donde haya mejores oportunidades. Estados Unidos es uno de esos lugares.

Cuando se percibe la combinación de la necesidad con la posibilidad se corren muchos riesgos, y el pago de más de cien dólares es uno de ellos. Se paga el dinero porque hay la esperanza, porque hay la posibilidad de escapar de la pobreza. En Perú, cien dólares es mucho, pero mucho dinero. Conozco muchas mujeres que trabajan de cocineras en las casas de familias de clase media que ganan solamente esa cantidad, sin seguro médico, sin ningún beneficio y sin un trato digno. Cien dólares es la inversión de alto riesgo para salir que ningún inversionista entrenado lo haría, a menos que esté muy desesperado. [En septiembre del año 2009, el precio general de la entrevista es 131 dólares para la visa de los Estados Unidos. Los estadounidenses no necesitan pagar ese trámite para viajar al Perú. Deberíamos saber que las relaciones internacionales se basan en la reciprocidad]

'Viajar a otros países te hace extrañar tu niñez'
(Mauricio, colombiano residente en Florida)

El maratonista de dos mundos

Antes de viajar a los Estados Unidos tenía que cumplir muchas tareas, y una de ellas era visitar la Huaca del Sol y de la Luna en Moche. Ese lugar es mágico y posee una de las historias más terribles de la humanidad. Los sacrificios humanos, las guerras simbólicas, la mitología y la cosmovisión propias de su pueblo están materializadas en sus muros, en sus colores y en sus dioses. Hacia allá fuimos un grupo de 'turistas culturales' en busca de la información exclusiva que poseen los guías, arqueólogos y profesores de la Universidad Nacional de Trujillo.

Cuando estábamos en camino recordé mis visitas a la huaca cuando era estudiante del colegio Claretiano. Veníamos a jugar, pasear y correr sobre los pequeños montículos de adobes. No había significado, sólo diversión. Ahora todo era diferente y la solemnidad de este viaje se podía ver en nuestros rostros. Después de comer muy muy recién cazado de la orilla del mar con ají, sal y limón en la playa de Moche, caminamos hacia las huacas conversando de todo un poco. Todos nosotros habíamos recorrido gran parte del mundo en diferentes momentos y circunstancias, y siempre regresábamos a Trujillo cada cierto tiempo para redescubrir y sorprendernos de los nuevos descubrimientos que hacían los arqueólogos trujillanos de novedosos antiguos mundos de nuestros antepasados que nos parecían a veces demasiados crueles, a veces un poco incomprensibles, a veces algo ingenuos.

Ya llegábamos a nuestro destino cuando vimos a un viejo amigo nuestro que corría por la simpática campiña de Moche como si estuviese preparándose para una competencia de maratón. Incluso, uno de nosotros empezó a cantar la canción 'Maratón' del grupo canadiense 'Rush'. Nos vio y se detuvo para decirnos que había decidido irse a los Estados Unidos de América porque necesitaba trabajo. Había ido a la embajada para solicitar su visa pero le habían negado varias veces. Estaba corriendo todos los días porque iba a cruzar caminando la frontera desde México. Después de varios años, lo encontré de nuevo en una ciudad oscura de Canadá y me contó una película de terror donde él era el principal protagonista. Había visto morir a una anciana que no pudo mantener el paso de los inmigrantes. La señora estaba viajando a Chicago para reunirse con su familia. Y él mismo, casi muere de cansancio y sed en el desierto hostil y cruel de Arizona. "Quise morir allí" recordó en Canadá, "quise quedarme allí solo, pensando en mi familia y en mis travesuras de cuando era un niño, pero el puneño era fuerte y me cargó durante dos días, y me salvó la vida. Teníamos miedo, porque allá, o los gringos te matan o la naturaleza lo hace. Después de cruzar, me enteré que una chica se perdió en el desierto. Se estaba muriendo de sed y de calor durante el día, encontró un árbol que hacía una pequeña sombra y se paró allí un rato para descansar. Lo que no sabía era que estaba en la propiedad de una gringa ranchera. La dueña la vio y la botó de allí".

'Un verdadero amigo es mejor que un millón de conocidos'
(Fernado Prentice, empresario trujillano residente en Arizona)

Contactos

Antes de viajar a un país desconocido se necesita tener varios contactos. Yo conocía Estados Unidos a través de mis

18

amigos, películas, libros, programas de televisión y las noticias. Felizmente, había trabajado con muchos antropólogos estadounidenses y había ayudado a muchos estudiantes universitarios que habían visitado el Perú. Les ayudé con las traducciones, los documentos, los contactos, sus trabajos de campo, sus informantes, problemas financieros y con sus aventuras amorosas. Todos parecieron estar contentos con mi compañía y ayuda, me dieron sus números de teléfono, correos electrónicos y direcciones. Me prometieron su ayuda en su país y se despidieron con tristeza, promesas y un 'hasta luego y de todas maneras nos vemos en los Estados Unidos'. Así es que me sentí algo seguro de viajar al norte del continente porque tenía muchos números de teléfono en el bolsillo. Ellos eran antropólogos, colegas y amigos, y estaba seguro de que ellos entendían que para realizar un trabajo de campo, los contactos son muy importantes.

Felizmente, nunca tuve un problema grande en los Estados Unidos, entonces no tuve la necesidad de molestar a mis colegas antropólogos. Por supuesto, de todas maneras los llamé por teléfono y les escribí emails para saludarlos, pero ninguno de ellos me contestó. Creo que como ya habían obtenido mi ayuda en Perú, ya no había motivo para seguir en contacto conmigo. Solamente un estudiante de antropología conversó conmigo a través del Internet, y no me gustó su manera burlona y despectiva al referirse a los peruanos.

Sin ningún contacto real en los Estados Unidos, tuve que

utilizar todos los medios posibles para poder conocer antropólogos locales que me pudieran dar alguna ayuda profesional e información sobre la antropología en los Estados Unidos. Con un poco de imaginación y astucia, pude contactar algunos antropólogos a través del Internet que habían creado una red marginal con el fin de compartir trabajos personales que no habían sido aceptados en la comunidad académica por motivos políticos.

Los miembros de esta sociedad utilizaban el Internet para publicar sus trabajos de investigación y ensayos. Era algo así como una antropología subterránea. Sus tesis eran cortas en extensión, no más de cinco páginas, pero eran muy rigurosas en cuanto al método científico. La meta final de este grupo era descubrir leyes culturales, es decir, hacer ciencia de la cultura.

Lo que más me sorprendió es que ellos me aceptasen. De repente les llamó la atención que yo había venido a los Estados Unidos desde el Perú para estudiar algunos aspectos de la cultura local estadounidense.

De todo lo que pude leer en esta red, pude sacar algunas conclusiones novedosas para mí. En el Perú, los profesores de antropología nos enseñaron que la antropología era una ciencia, pero lo que pude descubrir en las publicaciones es que en los Estados Unidos existía una moda 'posmodernista' entre los antropólogos que consiste en rechazar la ciencia en la antropología y en enaltecer el arte de escribir libros y filmar videos. El objetivo es vender libros, documentales, hablar sobre sí mismos y causar sensación con ideas impactantes. El prototipo del antropólogo estadounidense posmoderno es el anfitrión de los nuevos documentales de la televisión que acapara casi todas las imágenes y habla sobre sus experiencias en lugar del tema a tratar.

'La diplomacia y la honestidad son enemigas por naturaleza'
(Escuchado en Washington)

Políticamente correcto

En la víspera de navidad del 2005, pasaba mis días en la ciudad de Newark en el estado de Delaware. Por educación, saludaba a las personas por navidad y les decía *'Merry Christmas'*, que en español quiere decir Feliz Navidad. Escuchaba en esos días la música de navidad que transmitían por la radio todos los días, observaba las hermosas decoraciones de luces en las casas y me di cuenta de que la navidad es la fiesta más importante en los Estados Unidos. También pensé que no había nada de malo en celebrar la navidad, era bueno para la economía, para los negocios, para las familias, el amor, los niños, la amistad, la sociedad y el espíritu. Desde cualquier punto de vista que se le mire, creo yo, la navidad es algo bueno. Pero algo extraño sucedió. Una tarde, cuando estaba conversando en la calle principal del pueblo de Newark con algunos estudiantes universitarios locales, le dije educadamente

"Feliz Navidad" a una joven guapa mujer que nos saludó con una enorme y blanca sonrisa en el frío de nieve que hacía en aquellos días. Y de repente, uno de los jóvenes estudiantes me dijo que yo era maleducado, que mi saludo no era 'políticamente correcto', que algunas personas se ofendían porque no creían en la navidad. Me aconsejó que yo debería haber dicho *'Happy Holidays'* o "Felices Fiestas' en español, y no 'Feliz Navidad' o *'Merry Christmas'* porque el primero es neutral y el segundo es religioso. Agregó que las cuestiones religiosas eran muy sensibles para las personas. Es más, me informó que las grandes tiendas comerciales nunca colocaban anuncios de Feliz Navidad por la misma razón, sino que deseaban Felices Fiestas, de esta manera incluían a creyentes, creyentes de otras religiones y no creyentes.

Este mismo consejo lo escuché muchas veces durante mi permanencia en los Estados Unidos. La explicación era casi siempre la misma, que muchas personas no son cristianas y que es un insulto decirles 'Feliz Navidad' porque esto implica el nacimiento de Jesucristo, y que además, utilizar ese saludo es imponerles una creencia religiosa y significa dominio religioso sobre las minorías que no son cristianas.

Lo políticamente correcto en Estados Unidos significa que no es correcto decir públicamente mensajes que ofendan a otras personas o que evidencien realidades incómodas y conflictivas que ocasionen discordias y odios gratuitos. Es decir, la idea de lo políticamente correcto es ignorar lo conflictivo y enaltecer lo armonioso. Esto, por definición, ayuda al trabajo conjunto de diferentes grupos, sin embargo, evita la justicia y oculta la verdad. Estados Unidos es el país de lo políticamente correcto y sus defensores son los políticos y hombres de poder económico que se benefician de su utilidad. Estas personas imponen esta idea y la difunden para que la amplia sociedad la use y defienda. En parte tiene sentido, porque no sirve mucho para las 'conversaciones y acuerdos' decirle ladrón a un presidente efectivamente ladrón. En su lugar, se debe usar palabras políticamente correctas. Lo ideal sería meterlo a la cárcel y hacer devolver el dinero que se 'apropió ilícitamente' y que seguramente lo tiene depositado en Suiza, que no es un país corrupto, sino un país cuyas leyes protegen el secreto bancario (según lo políticamente correcto).

Tiempo después experimenté otra vez en persona este asunto de lo políticamente correcto. En Boca Ratón, Florida, le dije *Merry Christmas (*o Feliz Navidad en español) a una hermosa chica y se enojó porque ella no era cristiana. Ella me explicó igualmente que se debería decir 'Felices Fiestas' porque no es ofensivo y se refiere a las vacaciones de fin de año y no tiene connotaciones religiosas. Incluso me dio una lección de lo 'políticamente correcto'. También, mi informante casual en este asunto, me dijo que se estaba avanzando mucho gracias a las nuevas ideas que naturalmente estaban emergiendo en sociedades más avanzadas. Me dijo que incluso en Alemania se había prohibido todo mensaje y símbolo religioso público que impusiera una creencia a los que profesaran diferentes creencias. Como ejemplos mencionó que se había prohibido en algunos pueblos las cruces cristianas públicas y los toques de campanas porque imponían rituales religiosos e invadían la privacidad de personas de otras religiones. La emocionada señorita me aseguró que en el futuro, la navidad se dejaría de celebrar porque solamente pertenece a una religión y no es democrática.

Ante todo esto, le dije que en el edificio comercial donde estábamos conversando había un gran letrero que decía '*Happy Hanukkah', el cual* es una celebración religiosa, y le recordé que tampoco era 'políticamente correcto'. La chica no me contestó, me regaló una linda sonrisa y se fue.

'Sólo los racistas pueden percibir las razas'
(Escuchado en una conferencia de antropología en Nueva York)

El país más racista del mundo

Algunos colegas antropólogos mencionaron en conversaciones que el país más racista del mundo era el Perú. Se lo puede notar fácilmente en todo momento, en la calle, en la televisión, en las tiendas, en los anuncios publicitarios, en las conversaciones ofensivas, en los insultos, en las bromas y en las miradas despectivas. Lamentablemente, no creo que exista un ranking mundial de racismo de los países. Sí hay un ranking de corrupción publicado por un instituto de investigación, pero aún así hay muchos críticos que dudan de la objetividad de ese tipo de publicaciones. En un trabajo de campo en Cusco, un colega suizo advirtió que los institutos que realizan ese tipo de investigaciones trabajan según intereses particulares y que en todo caso, el país que debería estar primero en el ranking de corrupción debería ser Suiza, país que ampara a los corruptos del mundo.

Según testimonios, el racismo es muy fuerte en muchos países africanos, en Italia, Francia, Inglaterra, Suecia, Israel, Polonia, España, Australia, Canadá, Holanda, India, México. La lista es muy larga y, personalmente creo que en todos los países existe cierto grado de racismo. Como peruano, sé que el racismo en mi país es un problema mental de percepción que evita todo intento de justicia en la sociedad peruana. La relación entre poder económico y el color de la piel es directa, mientras más se sube en la escala de ingresos económicos más 'clara' es la piel. Grandes pensadores peruanos como Manuel González Prada, José Maria Arguedas, César Vallejo, Manuel Scorza y Ciro Alegría, era consciente de esta realidad. Lo que aprendí en los Estados Unidos es que estas diferencias 'raciales' son percibidas solamente por los racistas peruanos, porque para los anglosajones extranjeros, esas diferencias no so diferencias. Muchos estadounidenses informantes me han advertido que en sus recorridos por diferentes regiones peruanas no encontraron diferencia 'racial' entre los peruanos, incluso algunos recordaron que solamente vieron gente 'blanca' en algunas comunidades campesinas de Cajamarca y Cusco.

En los trámites burocráticos estatales y privados estadounidenses se debe llenar formularios y solicitudes donde se pregunta por la raza a la que pertenece el solicitante. Las solicitudes de empleo privadas y gubernamentales tienen una sección acerca de la raza del solicitante. Allí, generalmente se clasifican las razas en blanco no hispano, afroamericano, hispano o latino de todas las razas, asiático, nativo o indio americano, otras razas, y mezcla de dos o más razas. Por supuesto, aclaran que no es obligatorio responder a estas preguntas y que su utilidad responde solamente a cuestiones estadísticas. Sin embargo, fui informado que si el solicitante no responde, el empleado privado o público se encarga de llenar los espacios en blanco.

Según lo que explicó un empleado del gobierno, la raza blanca abarca a todos los anglosajones y personas de origen europeo. Estas personas son las que presentan la piel muy clara, aunque no siempre, y que se autoidentifican blancos. Pero no considera a los 'blancos' latinoamericanos que hablan español. Si alguna persona es de origen italiano, es considerada una persona blanca, si otra persona tiene la piel más clara, pero es de argentina y habla español, es considerada persona hispana y no blanca. Recordemos, los blancos en los Estados Unidos, son los blancos 'no hispanos' y son los blancos que hablan inglés. Si una persona que se autoconsidera blanca y presenta la piel más clara que una persona 'blanca' angloparlante, pero que su lengua materna es el español, entonces no es una persona blanca, es una persona de raza hispana. Por supuesto, todos sabemos que la raza hispana no existe porque lo hispano se refiere a la lengua y no al color de la piel. Solamente en los estados Unidos existe la raza hispana.

Igualmente, los afroamericanos son aquellos que tienen origen africano, y que además, presentan una piel muy oscura, y que por supuesto, hablan inglés. Una persona de origen argelino que tiene la piel clara no es afroamericano a pesar, de que Argelia se ubica en África. Y un afrocolombiano que tal vez posee una piel con mayor pigmentación que un 'afroamericano' de habla inglesa, no es afroamericano, es hispano porque supuestamente habla solo español, no importa si nació en Ohio o si solamente habla inglés porque fue criado en los Estados Unidos, esto no importa. El afrocolombiano es de raza hispana.

Los identificados 'racialmente' como hispanos o latinos en los Estados Unidos son los ciudadanos estadounidenses nacidos en el país o nacionalizados, inmigrantes nuevos o antiguos, o cualquier persona que habla español porque sus padres o abuelos o antepasados hablaban español. No interesa si el hispano tiene un aspecto de anglosajón, africano, asiático u otro aspecto biológico. No. Lo que interesa 'racialmente' es su lenguaje. Igualmente, todos sabemos que raza y lengua no son lo mismo. Raza es biología, es genes, es pigmentación, es un fenotipo que manifiesta un genotipo. Lengua es cultura, es educación, es aprendizaje, es comunicación.

Todos los habitantes de los Estados Unidos deben responder tarde o temprano a qué raza pertenecen, en la escuela, en los clubes, en los trámites del gobierno, al solicitar la licencia de conducir, al buscar trabajo, es decir, a lo largo de toda la vida, el gobierno de los Estados Unidos les está internalizando sutilmente la consciencia de raza, y todo esto lo hace según una clasificación que no es biológica, porque la raza es simplemente biología. La clasificación que utiliza el gobierno estadounidense se basa únicamente en la política racista propia de los imperios.

Funcionarios afirman que la información racial para llevar los censos, las estadísticas, y para que la distribución de la riqueza sea más justa y no sea acaparada solamente por una raza. La 'acción afirmativa', que es un compromiso moral de todos los empleadores e instituciones que se subscriben a él, aconseja de que haya estudiantes y empleados de todas las razas en los centros académicos y laborales.

Lo que se puede observar en todas las mejores universidades de los Estados Unidos es que la mayoría de los estudiantes son blancos anglosajones. Y si se observa detenidamente y cotidianamente quién realiza mayormente los trabajos duros y poco remunerados, se puede distinguir fácilmente la correlación entre la raza y los niveles de educación y riqueza. Los trabajos duros y mal pagados son realizados mayormente por hispanos y afroamericanos.

Profesoras de escuelas públicas y privadas me informaron que los niños escolares desde temprana edad prefieren jugar con compañeros de su misma 'raza'. Personalmente, debido a la infinidad de preguntas raciales que me han hecho el gobierno estadounidense y las empresas privadas, por primera vez en mi vida he sentido que no soy de la raza humana, sino que pertenezco a la raza hispana.

En todo caso, el racismo en los Estados Unidos es diferente al racismo en el Perú, Aquí sí se puede percibir las diferencias raciales, en el Perú, no. En los Estados Unidos existen leyes que protegen contra los racistas y que se las cumple con mayor severidad. En el Perú las ofensas, los insultos y agresiones racistas son cosas de todos los días. Si existen leyes o no para evitar eso en el Perú, no lo sé, en todo caso las leyes en el Perú no se cumplen con la misma severidad como en los Estados Unidos.

En los Estados Unidos funcionan muchos grupos racistas organizados que promueven el odio en contra de gente de diversas nacionalidades. Los miembros de estas asociaciones expresan y publican su odio irracional en contra de 'hispanos', 'negros', 'judíos' y 'asiáticos'. Ellos hablan de guerra, exterminación, etnocidios, aniquilación y de matar a la gente oscura. Debido a que la libre expresión y el derecho a odiar es legal en los Estados Unidos, estas organizaciones de odio existen sin mayores problemas legales. En todo caso, he escuchado sus discursos y no llegan al nivel de violencia de los insultos racistas de los peruanos que se puede escuchar todos los días en las grandes ciudades del Perú.

La siguiente es la lista de algunas de las organizaciones racistas y de que operan en los Estados Unidos.

Aryan Nations (Naciones arias). Organización cuya sede principal se ubica en Hayden Lake, Idaho. Parece ser que tiene sedes en 33 estados.

White Aryan Resistance (Resistencia blanca aria). Organización racista de *'skinheads'* (cabezas rapadas) ubicada en Fallbrook, California.

Nation of Islam (Nación del Islam). Odian a los blancos que oprimen a los negros.

Posse Comitatus. Odian al gobierno de los Estados Unidos por su dominio e imperialismo interno.

Ku Klux Klan. Odian a los 'negros', 'hispanos', asiáticos y judíos.

National Alliance (Alianza nacional). Organización basada en West Virginia.

World Church of the Creator (Iglesia mundial del creador). Organización que aboga por la supremacía blanca y que profesa la doctrina llamada creatividad.

Jewish Defense League (Liga defensa judía). Organización terrorista y de odio antiárabe.

El deseo principal de los grupos de odio racistas que defienden la supremacía blanca y que odian a los negros, asiáticos, hispanos y judíos es resumida en la popular expresión del líder David Lane, "Nosotros debemos asegurar la existencia de nuestra gente y un futuro para nuestros hijos blancos". Los racistas adoptan esta idea porque consideran que solamente ellos son humanos y nadie más que ellos.

'Todo cambia para seguir igual'

(Un político en la ONU en la ciudad de Nueva York)

Mercenarios con armas más sofisticadas

Las balas de los fusiles tienen alcance limitado, pero las ideas no. Parecían exageraciones algunos artículos e investigaciones publicados que trataban el tema de antropólogos que trabajaban para los ejércitos de los países dominantes del mundo. Históricamente, los antropólogos han trabajado para gobiernos y ejércitos invasores en todos los tiempos, tal vez no se llamaban antropólogos en el pasado, pero realizaban los mismos trabajos que hacen hoy en día los antropólogos mercenarios.

El imperio inca, azteca, español, chino, estadounidense, británico, o cualquiera que sea, han utilizado funcionarios y agentes cuya misión era penetrar las culturas de las víctimas y usarlas en beneficio propio. Tal vez tenían otros nombres, repito, pero hacían en esencia un trabajo basado en la antropología.

En la emisora radial *'National Public Radio'* de los Estados Unidos, muchos profesores y antropólogos estadounidenses se quejaban en las entrevistas de que sus colegas vendían sus conocimientos al gobierno estadounidense para facilitar las invasiones y sometimiento de los pueblos de

Irak y Afganistán. La efectividad de este servicio profesional prestado por los antropólogos estaba dando excelentes resultados, según algunos periodistas. Con balas y bombas es posible matar soldados e inocentes civiles, pero al mismo tiempo crea peores enemigos en el futuro porque los familiares y amigos de las víctimas con seguridad desarrollarán un odio más profundo en contra del invasor. Por el contrario, al manipular y utilizar los valores, aspiraciones, sentimientos y creencias locales para el 'mutuo beneficio' del invasor y del invadido, se evita la producción de enemigos en el futuro y se tiene una base sólida que facilita el neocolonialismo y el control de la sociedad invadida.

Se creía que los antropólogos mercenarios eran cosa del pasado y que habían trabajado para los ejércitos invasores ingleses, estadounidenses, holandeses, franceses, españoles, australianos, incaicos, romanos, entre otros, en el pasado y que ya no existían más y que eran motivo de estudio en los libros sobre historia de la antropología. Pero ahora se sabe que no es así. Los antropólogos mercenarios y colonialistas están vigentes ahora más que antes, aunque parezca contradictorio. Por décadas, los antropólogos han tratado de borrar la oscura historia del 'pasado colonialista' de la antropología, al menos en la teoría, en las clases universitarias y en los libros. Pero muy diferente es la práctica. Los curas y misioneros católicos jesuitas, por ejemplo, eran grandes antropólogos colonizadores en los siglos XVI, XVII y XVIII. Colegas antropólogos estadounidenses durante conversaciones informales se referían al pasado colonialista de los antropólogos como una etapa 'pasada desgraciada' del desarrollo de la disciplina que parecía superada, pero que está regresando con mayor fuerza en la actualidad. A inicios de este siglo XXI, los conflictos religiosos y las guerras nacionalistas y 'culturales' están desparramadas por todo el mundo, y todo vale para ganar una guerra, incluso la utilización de las creencias, los mitos y los temores.

Dos grandes preocupaciones de la antropología son el racismo y el colonialismo. Muchos renombrados y prestigiosos profesores teóricos y etnógrafos han insistido en que se debe erradicar el colonialismo y el racismo por ser dos problemas cruelmente nocivos a la humanidad. La crítica actual en los Estados Unidos es que los antropólogos hacen nada para solucionar estos problemas. Todo esto sucede a pesar de que la antropología es la ciencia llamada moralmente para lograr el objetivo de aniquilar la colonización y el racismo.

'Yo odio todo lo que venga de los Estados Unidos'
(Diego Armando Maradona)

Corporación América

Estados Unidos es el país más atractivo del mundo para los emigrantes de todas partes que buscan oportunidades de trabajo y progreso personal gracias a la eficaz labor de la

'Corporación América'.

Según las explicaciones de algunos informantes, la 'corporación América' es la elite que gobierna los Estados Unidos. Está compuesta por altos funcionarios del gobierno, los hombres nacionalistas con poder, herederos de fortunas familiares, senadores, jefes militares, los propietarios y directores de las grandes corporaciones, siendo la mayoría de ellos los denominados *WASP, White Anglo Saxon Protestant,* es decir, Blancos Anglo Sajones Protestantes con poder económico (Los estadounidenses de clase alta y media llaman *white trash,* basura blanca, a los anglosajones pobres). Estas personas ricas y con poder político tienen un acuerdo no escrito entre ellos y el gobierno de turno para mantener el 'estatus quo' del imperio. Lo más importante de esta elite es mantener su supremacía, su nivel de vida de abundancia, sus lujos y su poder económico e ideológico, es decir, luchar por su supervivencia. Para lograr este objetivo, la mejor forma es evitar que la clase trabajadora piense, que solamente trabaje para consumir bienes gratificantes y que viva de la forma más feliz que se pueda.

La corporación América es propietaria del gobierno y del territorio estadounidense, es preferentemente protestante, cristiana, anglosajona, masculina, etnocentrista, chauvinista, nacionalista, egocentrista y sobretodo, extremadamente ambiciosa. Las personas que conforman la corporación América están interesadas en el poder, el dinero y en el control de la estructura y organización sociales para simplemente continuar con su abundante, hedonista y onerosa manera de vivir.

Para entender la forma de pensar y actuar de la corporación América, se debe estudiar las historias de oscuros personajes y de violentas guerras. Los colonos, los 'padres fundadores' de la constitución estadounidense, los generales y grandes militares ricos de las guerras de independencia y de secesión, los políticos y jueces que dieron forma a través del tiempo al gobierno federal, a los estados y a la nación, los banqueros y emprendedores que invirtieron en proyectos expansionistas, todos ellos tenían un ideal común: comodidad. Los estadounidenses buscaron y siguen buscando la comodidad en sus vidas, y esto implica la ambición de territorios, recursos, tecnología y productos de consumo.

El trabajo de la corporación América es muy eficiente porque ofrece trabajo a una inmensa población que goza de una calidad de vida mucho mejor que la mayoría de la población mundial, por este motivo, Estados Unidos es un imán para emigrantes de casi todo el mundo que tratan de escapar de las pocas oportunidades que ofrecen sus propios países.

'Lo ideal es hacer que otros trabajen para ti'
(Un empresario cubano en Miami)

La carrera de ratas

La mayoría de estadounidenses van al trabajo por las mañanas manejando rápidamente sus autos por inmensas autopistas de asfalto repletas de contaminación y ruido. Después de nueve horas de trabajar, regresan aún más de prisa a sus hogares. A este trajín en las carreteras le llaman popularmente *'the rat race'*, o la 'carrera de ratas' en español.

La clase trabajadora debe manejar su tiempo con minuciosidad, hay múltiples quehaceres y la puntualidad en el trabajo es muy importante en el mundo extremadamente competitivo estadounidense. En los Estados Unidos el servicio de transporte público es muy deficiente salvo en algunas ciudades como Manhattan. Además, las distancias son grandes y el tráfico es pesado debido a que casi todos necesitan el carro para movilizarse. A pesar de que construyen más autopistas, más amplias y más rápidas, el tráfico es cada vez más ineficiente debido al creciente parque automotor que sobrepasa las expectativas de los planes urbanos gubernamentales.

Es posible observar en las autopistas cómo los conductores viajan solos en sus amplios y grandes carros a una velocidad promedio de 105 kilómetros por hora. En otras ciudades de Europa, Asia o Latinoamérica, es posible observar gente caminando o viajando en autobuses, éste no es el caso en

Estados Unidos donde generalmente enormes automóviles transportan a una sola persona en su interior.

Según las palabras de un empleado de una corporación, "…la carrera de ratas consiste en ir muy apurado al trabajo para no llegar tarde y ser reprendido por el jefe y regresar cansado e igualmente apurado a la casa para descansar y escapar del bullicio y las exigencias y abusos del centro laboral". La larga carrera de ratas se hace en medio de miles de autos que ocasionan un impresionante tráfico en las inmensas autopistas. He conocido cientos de personas que viajan cada día una hora desde su casa al trabajo y otra hora desde el trabajo a la casa, dos horas cada día manejando en las carreteras, diez horas cada semana manejando en medio de una jungla de gases y concreto, cuarenta horas —casi dos días- de cada mes en el auto. Por esta razón los autos americanos son grandes, cómodos y son parte importante de la vida estadounidense. El auto es el vestido, es la imagen, es la personalidad visible de los estadounidenses. Un carro grande significa una gran personalidad. El 'sueño americano' tradicional y popular consiste en tener la casa propia; el 'distinto sueño americano' de los estadounidenses de clase media alta consiste en dejar de sufrir la carrera de ratas gracias a las rentas que pueda generar una buena inversión.

'Yo odio a los seres humanos'
(Una ecologista californiana)

Los enemigos del Edén

En los Estados Unidos residen personas que poseen grandes cantidades de riqueza acumulada. Estas personas ricas que han satisfecho casi todas sus necesidades tratan también de ayudar a los menos favorecidos, colaboran en muchas obras de beneficencia, ayudan en la lucha contra enfermedades, apoyan a las organizaciones que protegen a la infancia y a las mujeres contra abusos, financian grupos que defienden los derechos de personas débiles e inocentes. Igualmente, donan dinero para la protección de animales que son utilizados cruelmente en peleas sádicas o son cazados y matados por empresarios que venden sus subproductos en el mercado internacional.

Durante mi estancia en los Estados Unidos participé en tres grupos defensores de animales y pude darme cuenta de ciertas cosas muy humanas y a veces muy contradictorias. Un grupo de señoritas de la costa oeste del país formaron hace muy poco tiempo un grupo que defiende a los animales domésticos maltratados por sus propios propietarios. Ellas reciben dinero de gente rica que se compadece de los animales heridos y moribundos que observan en las campañas publicitarias. Lo que ellas no entienden es por qué algunos individuos tienen animales en sus casas para maltratarlos, tal vez sea por sadismo u otra razón criminal. Cabe resaltar que la labor que realizan estas chicas es muy humana y digna de admiración, y este tipo de organización es uno de los particulares negocios donde el trabajo y el dinero ganado son igualmente gratificantes.

Lo más importante en la defensa de animales, del ambiente y de las personas maltratadas es el financiamiento. En los Estados Unidos, las organizaciones sin fines de lucro o no gubernamentales (las ONG, *'non profit organizations'* en inglés) contratan expertos recaudadores de fondos para financiar sus proyectos. La clave es convencer a la gente rica para que dé su dinero a la organización. Para lograr esto se necesita poder de convencimiento, convicción, persuasión, tacto para llegar al corazón de la gente pudiente y convencerla de que su dinero va a generar bienestar y va a impedir injusticia y sufrimiento. Son muy comunes en los Estados Unidos las propagandas en la televisión que proyectan imágenes de animales heridos y moribundos con el fin de conseguir dinero para ayudarlos.

Ayudar es un privilegio y una virtud. En este país existen organizaciones de ayuda para una amplia diversidad de necesidades. Un grupo de jóvenes muy interesante se dedicaba a la defensa de animales que eran cazados cruelmente para la comercialización de sus restos. Lo que sorprendió fue la actitud de algunos de sus miembros. Una chica lloraba cada vez que una ballena era cazada en el mar y ella realmente quería matar a los cazadores con sus propias manos. También se enfurecía cuando las mascotas domésticas no gozaban de las comodidades apropiadas para ellos. Según los compañeros de trabajo de la organización, esa chica tenía la costumbre de mimar simpáticos cachorros cuando por casualidad se cruzaba con ellos por la calle, pero se horrorizaba al ver niños en algunos lugares públicos como restaurantes. Ella se quejaba de que los infantes molestan a las personas y que interrumpen la tranquilidad de los adultos. Esta señorita también gustaba y compraba muchos productos que provenían de animales cruelmente aniquilados. Ella siempre calzaba unos caros zapatos deportivos de una marca conocida estadounidense que utiliza cuero de animales y que emplea niños centroamericanos que trabajan en condiciones de esclavitud y que ganan unos pocos dólares al día. Esta defensora de animales siempre se enorgullecía de la comodidad de sus zapatillas. Sus propios colegas de trabajo recordaban que en Europa, la chica admiraba las finas mascotas de los peatones y se horrorizaba al ver los hijos de piel oscura de los inmigrantes africanos.

Al preguntarle acerca de esta contradicción, mi compañera temporal de aventuras me explicó que en este mundo cada uno es llamado para cumplir una misión, y la misión de ella era los animales, no los seres humanos. También me confesó que ella aprendió a ser humana gracias a los animales. Después de un tiempo, me enteré de que ella estaba organizando un grupo de defensores de bacterias y gérmenes que son eliminados por los productos químicos de limpieza que usan las amas de casa.

'Todos los inmigrantes hispanos son delincuentes'
(Escuchado en la televisión estadounidense)

Bandidos y héroes

Hace algún tiempo los niños jugaban en la calle a 'los *cowboys* contra los apaches', y seguramente, todos querían ser el llanero solitario o John Wayne. Eso realmente era un problema porque no es posible jugar a la guerra cuando no existen enemigos. Los niños estadounidenses de ahora siguen jugando a la guerra pero con la ayuda de computadoras, solos y sin amigos porque los enemigos están dentro de la máquina. Algunas madres de familia estadounidenses me dijeron que el hecho de que sus hijos se queden en casa es mejor porque evita problemas. En el caso de que hubiera un accidente cuando los niños juegan afuera entonces las madres de los otros niños podrían demandar judicialmente y pedir dinero. Además, explicaron, hay muchos pedófilos y criminales en los Estados Unidos y es mejor que los infantes jueguen en la casa y no en las calles.

En los Estados Unidos presencié un juego que me pareció novedoso e iracundo: un niño en el papel de policía estaba empujando y gritando a su hermanito en el papel de lavaplatos porque no tenía visa para poder trabajar en un imaginario restaurante. Con el tiempo descubrí que los padres de los niños juguetones veían los programas periodísticos de los populares canales de televisión CNN y FOX. El padre y la madre eran seguidores de tres conocidos locutores de televisión antiinmigrantes y chauvinistas: Lou Dobbs, Glenn Beck y Bill O'Reilly. Estos tres periodistas, que tienen sendos programas periodísticos todos los días en las horas de mayor difusión, comparten una idea antiinmigración fundamental: los latinoamericanos incivilizados sin educación ni habilidades profesionales irrumpen ilegalmente en los Estados Unidos con el fin de beneficiarse del sistema estadounidense y cometer delitos y crímenes. La solución es obvia: castigarlos y después expulsarlos a todos. Para ilustrar este mensaje transmiten historias de inmigrantes latinoamericanos que han cometido delitos dentro de los Estados Unidos acompañadas de comentarios de odio y patriotismo.

En las tres cadenas más grandes de televisión de los Estados Unidos, NBC, ABC y CBS las noticias son más serias. Esto no ocurre con los noticieros de los canales populares CNN y FOX. Si vemos los programas de opinión en la NBC, ABC o CBS, el lenguaje y las imágenes son muy diferentes a los usados por Lou Dobbs, Glenn Beck y Bill O'Reilly. Estos tres periodistas antiinmigrantes y xenófobos confesos tratan de vender una imagen negativa del inmigrante latinoamericano. No les interesa el inmigrante asiático, europeo o africano, su odio está concentrado exclusivamente en los inmigrantes latinoamericanos. Si vemos los noticieros de algunas cadenas hispanas en los Estados Unidos, como los del canal Telemundo y del canal Univisión, y comparamos las noticias sobre inmigrantes presentadas por los canales hispanos y las noticias transmitidas por Dobbs de la CNN y Beck u O'Reilly de la FOX, descubriremos que los inmigrantes latinoamericanos mostrados por los canales Telemundo y Univisión están muy lejos de ser el arquetipo nefasto y detestable que tratan de impregnar en la mente de los estadounidenses los locutores Beck, O'Reilly y Dobbs.

El trío racista, nacionalista y patriótico conformado por Beck, Dobbs y O'Reilly tiene la misión personal y profesional de defender la cultura y el territorio estadounidenses de las amenazas externas que podrían socavar el estilo de vida de las clases económicas medias y altas de los Estados Unidos. Ellos creen que una forma de hacerlo es mostrar en sus respectivos programas de televisión los crímenes y delitos que cometen algunos inmigrantes latinoamericanos. La meta es crear deseos antiinmigrantes en su audiencia. No les interesa televisar a los inmigrantes latinoamericanos héroes que han salvado la vida a ancianos o niños estadounidenses; no les interesa mostrar a los soldados de orígenes mexicanos o guatemalteco que mueren en el campo de batalla defendiendo los intereses del gobierno estadounidense; no les interesa publicar si la policía de inmigración golpea a los inmigrantes; no les interesa denunciar si trabajadores inmigrantes son explotados y esclavizados por corporaciones estadounidenses; no les interesa difundir si los miembros de los grupos antiinmigrante asesinan a personas inocentes; no les interesa televisar si estudiantes inmigrantes latinoamericanos obtienen honores académicos. Lou Dobbs,

Glenn Beck y Bill O'Reilly se interesan solamente si un inmigrante latinoamericano comete un delito dentro del territorio de los Estados Unidos. Todas las noticias que transmiten estos periodistas racistas se refieren a inmigrantes latinoamericanos criminales y delincuentes.

Las noticias de Telemundo y Univisión en este sentido son más honestas porque informan sobre delitos cometidos por todo tipo de personas, sin interesar sin son inmigrantes latinoamericanos o no. Estos canales, al tener una teleaudiencia latinoamericana, dan a conocer hechos que interesan a los inmigrantes sobre diversos temas, muestran imágenes de inmigrantes latinoamericanos que han triunfado en los Estados Unidos, de inmigrantes latinoamericanos que han fracasado, de inmigrantes latinoamericanos que han cometido delitos y de inmigrantes latinoamericanos que han sido víctimas de abusos y crímenes. Los tres señores Dobbs, Beck y O'Reilly únicamente publicitan lo negativo, el motivo, crear el estereotipo del 'hispano criminal'. En Estados Unidos, la creación de estereotipos es una tradición por parte del gobierno y de los grupos de poder. Todos los enemigos de las corporaciones y de los gobiernos estadounidenses de turno han sido eficazmente estereotipados negativamente en las mentes de la mayoría de los estadounidenses para ganar su incondicional apoyo.

'Todo blanco es, más o menos, un Pizarro, un Valverde o un Areche'

(Manuel González Prada en 'Horas de Lucha')

El hombre más racista del mundo

En Boston conocí a la persona más racista que he encontrado en todos mis viajes por los Estados Unidos. Se llamaba James, descendiente de inmigrantes ingleses y holandeses que vinieron a América en el siglo XVII y que se dedicaron al comercio con mucho éxito económico. James X, no mencionaré su apellido por supuesto, odiaba a los blancos y lo manifestaba abiertamente. ¿Un hombre blanco racista contra los blancos? Esto fue una sorpresa porque James era efectivamente blanco, pelirrojo y estudiaba su tercera carrera universitaria, y además, era un hombre rico que vivía de la herencia que le habían dejado sus padres.

Se cree que en mayor medida, el racismo aparece entre las clases sociales económicas bajas y sin educación porque ellos necesitan sentirse mejor que otras personas. Pero mister James era totalmente diferente, pertenecía a la clase ociosa y privilegiada, había estudiado tres carreras profesionales y tenía la suerte de vivir una vida rodeada de lujos gracias a la generosidad de sus padres. El racismo de James en contra de los blancos era similar al racismo que se da en países como el Perú o México donde existen racistas en contra de personas que presentan sus mismos rasgos raciales y fenotipos. James explicaba que su odio en contra de los blancos era racional y que se basaba en la historia, en los hechos, en la realidad y en la naturaleza de las personas blancas. Afirmaba que él había leído cientos de libros académicos sobre las guerras, los abusos, las conquistas y los crímenes durante toda la historia de la humanidad y la conclusión era inequívoca: el hombre blanco es el depredador de la humanidad. James aconsejaba también que si no se tenía el tiempo ni la preparación para leer libros complicados y extensos de los investigadores académicos, era mejor leer libros populares de fácil lectura pero que estaban escritos con autoridad y rigurosidad científica. El libro publicado por la conocida revista estadounidense 'Selecciones de *Reader's Digest'* en 1975, editado por Carroll C. Calkins y titulado *'The Story of America'* era una buena opción, afirmaba James. Efectivamente, las páginas escritas por docenas de historiadores estadounidenses narran algunos de los crímenes cometidos en contra de los ciudadanos de los países que existían en el continente americano antes de la llegada de los europeos y de los crímenes cometidos en contra de los ciudadanos africanos secuestrados y traídos a los Estados Unidos como esclavos. El libro 'Historia de América' igualmente nos hace recordar que el gobierno de los Estados Unidos no acostumbra cumplir sus tratados de paz. El gobierno estadounidense siempre firmó tratados con los ciudadanos de las naciones americanas invadidas para después incumplirlas.

"*I hate white people",* era la frase del anglosajón y blanquísimo millonario Mister James X. Traducido al español quiere decir "Yo odio a la gente blanca". Pero a pesar del significado agresivo de la frase, James lo decía de un modo suave y muy refinado que atenuaba el sonido de las duras palabras. Aún así, James, que había estudiado la historia de todas las importantes revoluciones del mundo, se preguntaba por qué en los Estados Unidos no se había dado una revolución para cambiar el injusto 'status quo'. Su respuesta era simple: la clase media estadounidense se siente incapaz ante el poderoso ejército federal, además su calidad de vida es aceptable y el riesgo de perderla es muy alto. Pero esto, decía James, no quería decir que la injusticia imperaba en el país y de que un cambio se necesitaba.

Aaron, el chofer de mister James, afroamericano y descendiente de esclavos, afirmaba que él había pensado que no era necesaria la revolución violenta porque el nuevo presidente afroamericano Barack Obama iba a cambiar 'revolucionariamente' todo el sistema, pero pacíficamente. Eso era lo que había pensado Aaron antes del triunfo electoral del primer presidente afroamericano de los Estados Unidos. Pero Aaron se decepcionó apenas terminó de festejar el triunfo de su 'brother'. Aaron lamentó gravemente que Obama haya elegido viejos políticos conocidos, como la señora Clinton por ejemplo, para gobernar el país. "¿Cómo va a haber cambio si el gobierno de Obama estará conformado por los mismos políticos de siempre?. Obama no es un hermano, Obama es blanco, es un viejo político blanco, que creció en una familia blanca. El cambio solamente fue un eslogan para la campaña. Antes de ser presidente, este Obama ya me decepcionó", eran las palabras penosas del chofer de mister James.

Muchos estadounidenses afroamericanos me dijeron antes de las elecciones que iban a votar por Obama porque era negro. Y cuando Obama salió elegido, se pudo ver en la televisión que innumerables afroamericanos estadounidenses lloraban de la emoción. Un colega antropólogo estadounidense me explicó que si los afroamericanos votan por un candidato solamente porque es afroamericano, entonces es racismo. Bueno, según lo que he observado en la política estadounidense, la raza es un factor importante, tal vez más importante que en otros países. Con seguridad, más importante que en el Perú, mi país. Tan importante es la raza en la política estadounidense, que el líder 'republicano' militar 'afroamericano' estadounidense Colin Powell, declaró en la televisión con lágrimas en los ojos al referirse al triunfo del 'demócrata' Obama: "Hemos ganado".

Una buena cualidad de los Estados Unidos es que existe espacio para las críticas y el diálogo. Los estadounidenses conversan y expresan sus opiniones respetando el intercambio de ideas. Las mejores críticas que he leído sobre los Estados Unidos han sido escritas por los mismos estadounidenses, lo que nos lleva a pensar que la autocrítica es bienvenida en los Estados Unidos. Esta característica es impresionante para los inmigrantes latinoamericanos que vienen de países donde la conversación y la autocrítica en el mundo de los políticos son cosas raras. El señor James X me indicaba que los Estados Unidos han logrado su poderío mundial gracias a las invasiones militares. "Sin invasiones ni guerras, este país no sería la potencia mundial que es" reflexionaba sin asombro, y continuando en su misma línea de pensamiento: "Inglaterra es una pequeña isla atiborrada y lluviosa, por eso su gobierno y sus soldados conquistaron el mundo. Tenían que hacerlo, tenían que invadir otras naciones o pelearse entre ellos. Y los ingleses tienen la guerra en la sangre, en la carne y en el aliento".

Después de ojear otro libro antiguo en su inmensa biblioteca, James continuó con su discurso, pero esta vez en un perfecto español: "Los ingleses son blancos por el clima frío, nublado y nórdico; no tienen alma ni espíritu, son amantes de los placeres y creen en la reencarnación. ¿Cielo, infierno?, eso no existe para los ingleses. Para ellos existe la tierra y sus frutos. Sin moral ni religión, ellos desean todas las cosas placenteras, pero saben que no están solos en el mundo, saben que otros poseen lo que ellos desean, y por eso hace armas, por eso construyen sus ejércitos, para tomar lo que no es de ellos, para tomar lo que es de otros. Inglaterra exterminó las naciones nativas americanas, Inglaterra causó la primera guerra mundial, Inglaterra causó la segunda guerra mundial, y con seguridad, Inglaterra será uno de los causantes de la tercera guerra mundial. Estados Unidos es lo mismo, por eso es su aliado. El hombre blanco inglés y estadounidense es el grupo étnico más eficaz en crear la violencia de nuestro tiempo".

'Cuando alguien gana, alguien pierde'
(Un vendedor en Wall Street)

Made in China

Las fábricas y empleos se están mudando de los Estados Unidos a China, India y otros países pobres debido a que las corporaciones ganan más dinero pagando irrisorios salarios sin beneficios laborales a desesperados obreros necesitados en lugar de pagar mayores salarios y beneficios laborales a los obreros estadounidenses. Los defensores de esta era postindustrial (para Estados Unidos) dicen que es una etapa normal del desarrollo y que los empleos que emigran a los países pobres serán cubiertos por los empleos de servicios y de alta capacitación. Pero lo que viene sucediendo es que algunos de los empleos de servicios también se están mudando a otros países porque igualmente es más barato. Una antropóloga de Michigan tuvo que llamar por teléfono a la corporación Dell porque su computadora no funcionaba bien y para su sorpresa le contestaron en la India y no en los Estados Unidos. Ella no pudo explicar el problema a la persona que atendía su caso porque el inglés de los telefonistas de la India no era claro ni entendible, así que ella pidió el favor de ser atendida por un estadounidense u otra persona que sepa hablar inglés, la persona del otro lado del teléfono le contestó que si ella quería hablar con un estadounidense debía pagar una suma de dinero. Como la antropóloga estaba desempleada, rechazó la oferta y continuó usando el servicio al cliente gratis desde la India. Después de una hora en el teléfono, no pudo conseguir alguien que la ayudara.

Además, la demanda de los servicios técnicos está disminuyendo cada vez más en los países ricos. Como los productos son cada vez más baratos debido a que se fabrican en países pobres donde los empleados tienen menos derechos que los empleados de los países ricos, es más barato tirar a la basura un producto con problemas o cambiarlo por uno nuevo si aún tiene la garantía, en lugar de pagar servicio en el país rico porque sale más costoso. Muchos de los productos defectuosos terminan en los mercados de los países pobres después de haber sido arreglados.

Un ingeniero retirado de una corporación estadounidense analizó el problema de la desaparición del otrora prestigioso *Made in USA* de los productos 'estadounidenses'. "Este país creció porque Estados Unidos trabajaba para Estados Unidos sin depender de nadie más. Se producía aquí, se daba trabajo aquí, se invertía aquí. Se vendía en todo el mundo, y el dinero entraba hacia aquí, no salía dinero. Ahora es diferente. Se invierte afuera, se da trabajo afuera, no se produce aquí. El obrero estadounidense hizo este país, ahora el obrero estadounidense está desapareciendo".

Si se revisa el origen de los productos de las tiendas más populares de los Estados Unidos, se puede notar que en su mayoría los productos son fabricados en el extranjero. El *Made in China* largamente sobresale sobre los otros países 'obreros'.

Otro ingeniero experto en alta tecnología que entrevisté explicó que el problema es el cambio de valores por la perdida de ideología. Según él: "Estados Unidos tenía enemigos ideológicos anteriormente. La Unión Soviética era el comunismo enemigo del capitalismo democrático estadounidense, entonces el gobierno de Estados Unidos combatía esa ideología enemiga con valores que eran compartidos por la población. Ahora ya no hay enemigos ideológicos porque se asume que el comunismo ha muerto. Sin ideología enemiga, no hay guerra de ideas sino solamente hay guerra de mercados. Por eso China es ahora socio del país. En 1980 no fuimos a las olimpiadas de Moscú por nuestros valores. En el 2008 hemos ido a las olimpiadas de China porque ya no interesan los valores, ahora el valor es el dinero. El dinero es lo que interesa ahora, ya no interesa el obrero estadounidense, el prestigio de la calidad estadounidense, no interesa la patria. Ahora lo único es el dinero. Si las corporaciones ganan más dinero en China, no se puede hacer nada. La clase trabajadora es la afectada en los Estados Unidos, pero ellos no tienen poder, las corporaciones tienen poder, la clase trabajadora son los que dan poder, pero no lo tienen…, esto es la democracia de ahora. En mis tiempos era diferente, el gerente de la fábrica o el propietario del negocio, grande, mediano o pequeño, trabajaba, porque el trabajo era un valor. Hoy en día el trabajo no es un valor, es una desgracia. Ahora existen los gerentes de todos los niveles y los *CEO (chief executive officer)* que no trabajan. El papel de éstos es hacer trabajar a otros. Entre ellos se controlan y cada gerente tienen un gerente controlando, esto es la administración estadounidense, control, miedo, temor a ser despedido porque se debe pagar las cuentas. Se presiona para producir más a menos costo. Las empresas quiebran y los empleados pierden, pero los gerentes y *CEO* no, ellos están siempre bien, gracias a su pacto con los propietarios, sin ese pacto ellos sería empleados comunes como los otros y esto causaría problemas de identidad y lealtad. El gerente de antes trabajaba por la comunidad, el gerente de hoy trabaja por el dinero. Los *CEO* quieren más y más, mansiones, joyas, millones de dólares. Los propietarios aceptan porque es una buena forma de que los *CEO* hagan el trabajo sucio que los propietarios no quieren hacer, mientras tanto, la clase trabajadora es la que realmente crea la riqueza pero no tiene derecho a ella porque no piensa... Los enemigos de ahora ya no son los comunistas, los enemigos de los Estados Unidos de América en la actualidad son los *CEO*, los gerentes, los propietarios ricos de las corporaciones y los soldados de religiones no cristianas. La gente en este país cree que los enemigos de la cultura estadounidense son los mexicanos porque traen su idioma, su comida, su música, sus costumbres, sus hijos, su población, sus problemas, porque no se adaptan y no respetan las leyes. No es así. Los enemigos son los que vienen de otras religiones. Al menos los mexicanos son más o menos cristianos o católicos, pero los que vienen de los países musulmanes, o de China, de la India, de Asia, de África, ellos son los enemigos de los Estados

Unidos. En unos años más cuando este país esté lleno de inmigrantes de Pakistán, de la India, de Nepal, de países musulmanes, de religiones no cristianas, raras, salvajes e incivilizadas, allí van a aparecer los verdaderos problemas para este país: la destrucción de nuestra fe, desde adentro".

Una inmigrante peruana de Nueva Jersey tenía una opinión muy diferente. Sofía, que había venido a los Estados Unidos en 1972 cuando tenía veinte años, nacionalizada estadounidense, pero siempre peruana como ella misma dice, se lamentaba de la situación social actual en los Estados Unidos: "Antes era mucho mejor aquí, ahora hay demasiados inmigrantes que vienen a hacer problemas no más. Antes se ganaba bien, ahora se gana poco por culpa de los inmigrantes mexicanos y centroamericanos que vienen y cobran menos y no respetan las leyes. Antes no había tanta competencia y la gente pagaba bien por todo y se podía ganar dinero, ahora se consigue poco, no hay trabajo y no se gana, esto es por culpa de los inmigrantes que vienen y cobran menos y trabajan más duro por menos paga. El sueño americano ya se acabó, ya este país no es negocio, ya se maleó. Y sobre la calidad del producto americano, ya no hay calidad en este país. Antes todos querían comprar productos *'Made in USA'* por su calidad. Eso era antes cuando los verdaderos americanos trabajaban. Los de ahora quieren ganar dinero, y para eso gastan menos y cobran más. Entonces, la calidad baja porque cuesta y eso ya no les importa a los gringos. Los gringos saben que el producto americano tiene prestigio entonces cobran por ese prestigio. Claro, la calidad es mala, pero la gente sigue comprando por la reputación, no por la calidad. Pero esto no dura siempre, en el futuro se van a dar cuenta de esto y Estados Unidos dejara de ser una potencia industrial".

'El que tiene el poder tiene la razón'
(Un periodista en el aeropuerto de Filadelfia)

Sociedad para persuadir

La sede de la Organización de las Naciones Unidas, ONU, se encuentra en la ciudad de Nueva York. Esto no es por pura casualidad. Nueva York es considerada la capital del mundo, la ciudad más cosmopolita del mundo y la ciudad con mayor diversidad cultural en el mundo, según los neoyorkinos quienes también afirman que en su ciudad residen inmigrantes de todas partes del mundo. La ONU también se encuentra en Nueva York porque Estados Unidos fue uno de los ganadores de la segunda guerra mundial, es más, el Consejo de Seguridad de la ONU, su órgano más importante políticamente y militarmente hablando, se compone de cinco miembros permanentes: China, Francia, la Federación de Rusia, Inglaterra y los Estados Unidos de América, es decir, todos los ganadores de la segunda guerra mundial. Por esta razón, todas las decisiones más importantes de la ONU siempre defienden los intereses de estos países. Debido a este hecho, no debe sorprender que las guerras e invasiones y genocidios que se dan en el mundo no sean condenados por la ONU porque simplemente están avalados por los cinco países que dominan la ONU.

Una informante de la ONU que ha trabajado durante más de diez años en la Asamblea General analizaba la diferencia de lo que ocurre y de lo que se cree popularmente que ocurre: "Es una pena que la realidad, los hechos, la verdad, la historia, se pierda para siempre en los recuerdos de los protagonistas que tarde o temprano morirán. La historia siempre se desvanece y lo que queda es solamente mentiras". Cabe mencionar que la funcionaria europea de la ONU estaba orgullosa de su biblioteca personal de miles de libros de historia oficial y no oficial, académica y no académica, reconocida y no reconocida, correcta y no correcta, según sus propias palabras. "Lo que dicen los libros de historia, lo que dicen los profesores, lo que dicen los hombres y mujeres de la televisión, lo que dicen los maestros de escuela a los niños, lo que dice el Consejo de Seguridad de la ONU, todo eso está interpretado por alguien que defiende un interés, simplemente eso. Y sabemos que toda interpretación, toda opinión no es la verdad, no es la realidad. Toda interpretación, toda opinión es simplemente eso, un punto de vista que no se sabe si es verdad o no. Con el tiempo los países se van a cansar de la injusticia que genera el Consejo de Seguridad. El Consejo de Seguridad será uno de los responsables de la siguiente guerra mundial que está por venir. Los ganadores no pueden hacer todo lo que quieren por toda la eternidad, siempre hay un final para todo proceso histórico".

Después de revisar algunos libros alemanes y franceses de historia recién comprados, la funcionaria reflexionaba con palabras fatigadas: "Pienso retirarme pronto y regresar a casa. Estoy cansada de tanta hipocresía, estoy cansada de vivir en esta jungla, quiero tomar un buen café o comer una verdadera pizza en Italia, quiero alimentarme con comida decente. Estoy cansada de Nueva York donde comes comida chatarra y corres a trabajar. Quiero estar en casa cuando la próxima guerra mundial llegue a nuestras puertas, porque si solamente cinco países están gobernando el mundo, estoy segura de que algún día los doscientos países restantes se van a levantar".

'Lo importante es conseguir dinero'
(Un funcionario de una organización no gubernamental)

El cazador de donaciones

Un trabajo peculiar que realicé en los Estados Unidos fue el de *Grant writer,* que se puede traducir algo así como 'Experto en solicitar donaciones y subvenciones'. El trabajo consiste en escribir cartas en nombre de una organización no gubernamental o sin fines de lucro, llenar solicitudes para subvenciones y ayuda económica o convencer a las personas, empresas, gobierno, o quien sea para que done dinero para ayudar a alguna causa humanitaria.

El trabajo lo conseguí por casualidad. Estaba buscando trabajo a través de los buscadores de empleo del Internet durante semanas, pero en lugar de conseguir empleo conseguí cientos de emails publicitarios atiborrados en mi correo electrónico. Decepcionado por las promesas incumplidas de estas páginas web, decidí visitar organizaciones que ayudan a hispanos y descubrí que todas necesitaban traductores para interpretar y traducir documentos del inglés al español o viceversa. Entusiasmado les ofrecí mi ayuda profesional pero me dijeron que aceptaban voluntarios solamente. Como pude ver el auto lujoso del director de la organización 'sin fines de lucro', les dije que yo no traducía gratis así como ellos no trabajaban gratis tampoco, entonces como me necesitaban me dieron el trabajo para traducir documentos, por supuesto, con un salario bajísimo.

Después de un tiempo me pidieron por favor que escribiera cartas en español solicitando y convenciendo a los destinatarios para que ayuden económicamente a la organización. Escribí cartas conmovedoras basándome en un modelo en inglés y así el dinero empezó a llegar. Realmente me sorprendió mucho cómo la gente enviaba su dinero solamente porque una carta acompañada con tristes imágenes les conmovía el corazón. Llegaban donaciones de profesionales y empresarios que enviaban cheques de cien, quinientos, mil dólares para ayudar a los hispanos pobres inmigrantes que habían venido a buscar trabajo en los Estados Unidos.

Cuando terminé de traducir todos los documentos y de

enviar todas las cartas pidiendo ayuda, los directores de la organización me dieron las gracias y me despidieron. Después de varios meses encontré a una voluntaria estadounidense que ayudaba a los inmigrantes con problemas de alcoholismo y drogas y me informó que los directores y propietarios de la organización no gubernamental o sin fines de lucro estaban ganando mucho dinero porque las donaciones iban a sus cuentas bancarias y no a los estómagos de los inmigrantes necesitados. La voluntaria estadounidense, que ahora estaba ayudando por su cuenta a los inmigrantes desafortunados y necesitados, se quejaba de que entraban millones de dólares a la organización, y a pesar de esto, no había ni siquiera café para los inmigrantes desempleados que esperaban por ofertas de trabajo en el refugio.

'Nosotras cuidamos las reliquias para el beneficio de la humanidad'
(Una funcionaria de un museo en Boston)

Los ladrones de botines

Las familias guardan las fotografías y recuerdos de los padres, los hijos, los abuelos y los antepasados para tenerlos presentes en sus vidas y valorar el significado que tiene la identidad y la pertenencia. Los ciudadanos de los países hacen lo mismo a través de sus museos. Si se recorre los impresionantes museos peruanos, tales como el de la Huaca del Sol y de la Luna o el del Señor de Sipán, se puede apreciar las culturas de los antepasados de los habitantes de esos lugares históricos. Pero si se visitan algunos de los museos estadounidenses -que vienen siendo demandados legal y moralmente-, ocurre una cosa muy diferente. Sus objetos de adoración y negocio pertenecen a otras naciones y fueron robados y saqueados por buscadores de tesoros.

Recuerdo que a Cusco llegó hace pocos años una arqueóloga inglesa representando una universidad de su 'alteza real' que, después de varios meses de recorrer los bares del centro de la ciudad, regresó a su país con muchas reliquias incas robadas. Un colega mío quiso hacer algo al respecto pero fue demasiado tarde, además ella tenía el respaldo de corruptas autoridades peruanas. Muchos arqueólogos locales se maravillaban de la cantidad de dinero y recursos que gozaba la arqueóloga extranjera. El negocio de viajar a un país pobre, sobornar, comprar y traficar ilícitamente reliquias arqueológicas es muy lucrativo. En cada transacción se gana mucho dinero. Los museos y coleccionistas son los más interesados porque sus inversiones en la compra de objetos históricos van aumentar a través del tiempo. Los museos y exhibicionistas estadounidenses ganan mucho dinero gracias a los objetos robados que poseen y que pertenecen a otras naciones y países. Las universidades e instituciones científicas estadounidenses venden las entradas a las exposiciones a los turistas, estudiantes y público en general; venden libros y revistas; venden calendarios, corbatas, polos, posters, vasos, tazas y platos; venden programas de televisión y documentales; venden gorros y adornos; y ganan millones de dólares.

'Dos personas puede decir cosas opuestas y ambas tener la razón'
(Enunciado de un profesor de la Universidad de Harvard)

Ciencia en español se traduce arte en inglés

Los estudios en los Estados Unidos sobre Latinoamérica es un mundo muy distinto del mundo latinoamericano, esto es una pena porque se supone que los estudios latinoamericanos deberían representar la realidad latinoamericana. Es más, la antropología en general en los Estados Unidos está sufriendo una crisis muy profunda.

La antropología cultural en los Estados Unidos no es una ciencia sino un arte. Es casi un género de la literatura. En el Perú se busca hacer ciencia con la antropología cultural, en Estados Unidos no. Los antropólogos culturales estadounidenses que dominan el mundo académico no hacen trabajos de campos reales y construyen conceptos e ideas alejadas de la realidad. Los antropólogos que intentaron hacer de la antropología una ciencia casi han desaparecido en los Estados Unidos. Los antropólogos culturales que dominan el escenario académico estadounidense se dedican a la literatura, cine u otro arte, pero a pesar de esto, sí utilizan el método científico para desarrollar sus investigaciones.

La mayoría de los antropólogos de los países ricos realizan trabajos de campo a través de viajes turísticos y visitas temporales. Nunca están realmente inmersos en la cultura que visitan. Esto no se debe solamente al desconocimiento del idioma, sino a que no gustan de las incomodidades de los lugares pobres. Además, la moda actual es que el antropólogo debe interpretar y opinar sobre la comunidad que se estudia, es decir, no interesa la realidad sino lo que se opina sobre ella. Para lograr esto no es necesario efectuar un trabajo de campo real ni es necesaria la ciencia.

Moralmente, en los Estados Unidos muchos antropólogos tienen una mala reputación porque venden sus servicios a los militares para facilitar las invasiones a países pobres sin armas poderosas, o porque venden sus servicios a las corporaciones y mineras para facilitar las invasiones a comunidades pobres y porque venden sus servicios a las universidades utilizando el conocimiento de personas sin poder político de los países pobres.

"Los antropólogos trabajan para las grandes corporaciones" indica un consultor financiero, "saben qué necesita la gente, cómo hacer que la gente compre lo que necesita o lo que no necesita, y son expertos en las debilidades humanas. Con este conocimiento se puede hacer mucho dinero, pero las corporaciones que utilizan antropólogos son pocas..., y ahora muchos antropólogos con maestrías y doctorados están desempleados..., porque muchos de ellos se dedican solamente a estudiar cuentos y mitos...".

En la actualidad, la ciencia y la tecnología han demostrado que son fuentes de poder, de riqueza, de progreso, de calidad de vida, de comodidad y de vida más sana. Los habitantes de los países pobres desean esta ciencia y tecnología actuales porque saben que les beneficia. A pesar de este hecho abrumador y evidente, algunos antropólogos estadounidenses vienen rechazando a la ciencia y vienen insistiendo en que la ciencia de las culturas 'exóticas' son superiores formas de conocimiento. Soberbiamente, exclaman que ellos hablan y representan a los oprimidos del mundo. Por supuesto, todo esto es absurdo para un habitante de un país pobre como el Perú. En todo caso, parece ser que los antropólogos posmodernistas, que dicen que la ciencia ha 'fracasado' y que celebran el conocimiento 'no científico' de pueblos pobres y oprimidos, trabajan en realidad para el beneficio de los grupos de poder que no desean que esos pueblos oprimidos desarrollen ciencia y tecnología propias que los pueda sacar del atraso. Felizmente, todo indica que la moda posmodernista está pasando y que los nuevos antropólogos más profesionales tratarán de desarrollar ciencia otra vez. Los antropólogos de los países pobres están llamados a realizar este trabajo debido al fracaso de los antropólogos culturales de los países ricos cuyos intereses no son científicos.

'Un buen país es aquél donde sus pobladores viven cómodamente'
(Betto Carranza, Ingeniero de Sistemas)

Dios bendiga a América

En Estados Unidos existe un eslogan muy popular: *God bless America,* que traducido significa 'Dios bendiga a América'. Este eslogan lo cantan con pasión los estadounidenses, lo veneran y mencionan en sus oraciones; lo visten con orgullo en polos, gorros, casacas y camisas; lo dibujan en sus autos y motocicletas; lo pegan en calcomanías multicolores en inimaginables superficies; lo pronuncian y materializan en conversaciones y acciones. Ante la pregunta ¿Qué quiere decir Dios bendiga a América?, informantes de diferentes clases sociales y orígenes expresan diversas opiniones, pero que tienen en común el agradecimiento por vivir en los Estados Unidos de América. Veamos algunas respuestas representativas sobre lo que significa ser bendecido por Dios.

"El estadounidense se llama a sí mismo americano y su país es América, que es un país privilegiado y bendecido por Dios. Y apoya a su gobierno porque ha creado un sistema que le ofrece oportunidad, seguridad, justicia y comodidad a la mayoría de sus habitantes, a los habitantes que quieren ayudarse a sí mismos mediante el trabajo. Y quiere a su país porque es inmenso y poderoso, y porque hay abundancia de recursos y porque los trabajos y el sistema de crédito dan poder adquisitivo para comprar cosas deseadas". Con estas palabras explicó lo que significaba Estados Unidos una anciana retirada oriunda de Maine y residente en Florida.

Es admirable el patriotismo de los estadounidenses visibles en las banderas que decoran sus casas, sus ropas y sus carros; en el respeto por sus símbolos nacionales; en el apoyo a su presidente y su gobierno. "Este país es maravilloso y debemos reconocerlo", expresa con orgullo una enfermera retirada y abuela de siete nietos. "He viajado por casi todos los países de Europa y ellos siempre está protestando en contra de su gobierno. Eso no sucede aquí en América, porque aquí hay democracia y se conversa y se llega a un acuerdo... Aquí elegimos al presidente, al juez, al jefe de policía, y si ellos no trabajan bien elegimos a otros. Esto es democracia. Aquí no hay un rey como en España o Inglaterra, esos países son atrasados por eso y viven en la edad media. Nuestro gobierno y nuestro presidente trabaja para el pueblo, eso es democracia. En las elecciones elegimos a los buenos y rechazamos a los que no trabajan. En el mundo hay muchos pobres, en el mundo la mayoría de los países son pobres, en América es pobre el haragán y el drogadicto, el que quiere ser rico puede ser rico en América. Y esto es grandioso y por esto amo a mi país".

Dos jóvenes escolares del último año de la escuela secundaria, hijos de obreros afroamericanos, coinciden en sus apreciaciones del *God bless America:* "Si uno estudia bastante y obtiene buenas notas, puede ir a la mejor universidad del país para estudiar medicina o lo que desee sin pagar nada con una beca. Si uno no estudia entonces debe pagar los estudios en la universidad. Esto es justo. Aquí en Estados Unidos se puede estudiar todas las carreras profesionales que existen en el mundo, aquí en la escuela si los alumnos quieren estudiar chino, la escuela consigue un profesor de chino, y en la universidad se puede hacer todo lo que se quiere porque Estados Unidos apoya al estudiante y a los inteligentes. Este país es grande porque apoya a sus grandes hombres que inventan cosas para la humanidad, y que de paso se hacen millonarios. En los Estados Unidos respetamos a los hombres inteligentes, a los triunfadores, a los millonarios, a los inventores, a los generales que ganan guerras, a los presidentes, a todos los que hacen que la vida en Estados Unidos sea mejor. Nosotros amamos este país". Cabe mencionar que los dos están de acuerdo en todo lo que dice el uno o el otro… "América es el país más poderoso del mundo, el más rico del mundo, el más grandioso del mundo. Nosotros dominamos el mundo y somos los modelos para todos. Todos los jóvenes del mundo quieren venir a América. Sabemos eso porque tenemos amigos en internet y vemos en televisión. La gente quiere venir porque aquí en los Estados Unidos hay todo, la música, cine, juegos, zapatillas…".

Las tenistas de un club exclusivo en Florida, reunidas después de haber jugado tenis por unos treinta minutos, dan sus opiniones acerca del popular eslogan estadounidense: "Este país es grandioso y único en el mundo porque te da seguridad y te asegura un futuro privilegiado. A veces me siento culpable porque en otras partes del mundo se vive muy mal. Yo he estado en Sudamérica y las cosas allá andan muy mal. Era peligroso y no se estaba segura. La policía trabajaba solamente botando a los pobres para que no fastidien a los ricos pidiendo dinero, sí, su trabajo consistía en separar a los pobres de los ricos. Las calles eran sucias, peligrosas, inseguras y demasiado desorganizadas. Todos los carros eran viejos, no entiendo cómo la gente puede mantener esos carros tan viejos. Viajar por el interior de esos países es más peligroso, hay muchos accidentes y no hay ayuda de nadie, la gente muere porque nadie llega para ayudarla. Cuando fui a Perú hace mucho tiempo hubo un accidente en la carretera, las pobres mujeres muertas al lado de la pista, no había policía, no había ambulancia, no había ningún tipo de ayuda, allí se morían desangradas. Después de más de veinte años regresé al mismo país, y vi otra vez otro accidente en la carretera, y tampoco había policía ni ambulancia ni nada, y la gente muriéndose en el suelo sin que nadie haga nada. ¿Cómo puede la gente vivir así?", son las dramáticas palabras de una joven dama que pertenece a la iglesia bautista y que varias veces ayudó a construir iglesias y escuelas en varios países latinoamericanos.

Otra tenista que viajó con su iglesia en dos oportunidades a Brasil y Chile para ayudar a madres solteras, recuerda lo siguiente: "Las mujeres en Latinoamérica tienen más hijos y deben trabajar el doble porque son pobres. Trabajan en la casa porque son amas de casa y trabajan afuera para poder sostener a la familia porque lo que gana el esposo no es suficiente. Es decir, las mujeres trabajan mucho más que los hombres. Bueno, esto es normal en todo el mundo... Además de toda esa carga, la mujer tiene que soportar otra carga peor: el machismo del marido. Los hombres latinoamericanos son machistas y dominan a las mujeres y las maltratan, aquí en Estados Unidos es muy diferente, aquí es mejor, las mujeres tienen casi los mismos derechos que los hombres y los dos colaboran por igual en el hogar. El hombre también tiene que ayudar en la casa y no dejar todo a la mujer. Creo que es educación lo que causa que la gente pobre sea machista. He visto en Brasil y en Chile muchos casos, y sé que es lo mismo en otros países, he visto, digo, que la gente pobre sin educación es la peor. Donde no hay educación, hay machismo y violencia contra la mujer. En los países musulmanes es peor, en Egipto matan a mujeres porque tuvieron enamorados o porque fueron violadas. Los mismos hermanos o el mismo padre asesinan a sus hermanas o hijas porque han 'deshonrado' a la familia. No hay civilización allá, viven salvajemente. En toda el Asia, en China, en la India, en esos países la mujer es víctima de abusos y salvajadas de esa gente ignorante. Nosotras tenemos suerte de haber nacido en América, aquí hay libertad, justicia y democracia. Tenemos mucha suerte y somos privilegiadas. En América hay leyes que se deben cumplir, hay derechos que se deben respetar, si alguien mata a alguien, si alguien maltrata a alguien, entonces la justicia se encarga de arrestar al culpable y de darle un juicio justo y una pena de acuerdo al delito".

El grupo de tenistas compartía las opiniones unánimemente y era solemne en sus discursos y muy serio al hacer sus acusaciones y críticas. Una atractiva empresaria y miembro muy activa de su iglesia ofrecía sus ideas: "América es un buen país para vivir y estamos orgullosas de eso. Agradecemos a este país, a nuestros antepasados, a nuestros padres fundadores que fundaron este país de tal modo que todos gocen libertad y democracia. Me dan pena los países pobres porque sus gobiernos no hacen nada para mejorar sus vidas. Estados Unidos ayuda a muchos países pero no aprovechan la oportunidad y utilizan mal el dinero que les damos. América tiene mucho dinero y ofrece ayuda económica a los países que necesitan desarrollarse, les damos mucho dinero para que realicen obras para mejorar su vida. El problema es que no hay garantía de que ese dinero se utilice en beneficio de la gente necesitada. Yo he visto gente con mucho dinero en los países pobres y no sé cómo puede haber tanto dinero en esos países. Creo que el problema es la corrupción en esos países, no hay un buen sistema de justicia, los políticos se dedican a otras cosas, se pelea mucho por el poder y no se trabaja para construir. Estados Unidos trata de ayudar, pero esos países no agradecen, en lugar de eso critican a América y solamente quieren más dinero".

Se puede apreciar que hay un sentimiento de gratitud hacia los Estados Unidos como país, como gobierno y como sociedad en general porque ha permitido un estilo de vida cómodo… "Dios bendiga a América. Claro que sí" afirmaba tajantemente otra tenista mientras disfrutaba una deliciosa limonada en frente de las canchas de tenis y del mar: "Los fundadores de este país habían sido perseguidos por sus creencias, por eso escaparon de sus perseguidores y vinieron a este continente en busca de libertad. Por todo esto los fundadores de América respetaron siempre la libertad de cada persona, y por todo esto también fundaron un sistema de gobierno que respete la libertad. Así empezó América, tal vez con muchos problemas al principio, pero al final de todo permaneció el valor de la libertad. En realidad, la frase debería decir Dios bendiga a los fundadores de América, pero creo que quiere decir lo mismo en el fondo. América es la América de ahora porque los fundadores lo hicieron así. Otros países no".

"Dios bendiga a América porque este país es un país creyente" sostiene suavemente otra tenista doctora en medicina. "En este país se respeta la ley divina que es hacer el bien, y el bien supremo es la libertad. La democracia es el mejor sistema político para lograr la justicia y la libertad, no hay otra forma conocida de sistema político que garantice la libertad. La explicación es sencilla: el presidente y el gobierno son elegidos por el pueblo y ellos deben trabajar para el pueblo. En América existe la ley de la razón, y la razón nos lleva a defender la justicia y la libertad. América es el país más rico del mundo y tiene la población más grande que vive mejor en todo el mundo. Todo el mundo quiere venir a vivir a América, esto no es por gusto, esto se debe a que América ha creado un buen lugar para vivir, los fundadores han creado un buen lugar para vivir. Los comunistas han desaparecido, solamente queda Cuba. Los comunistas han fracasado y ya no son una amenaza como lo eran en la guerra fría. Ya nadie cree en los comunistas ni nadie quiere ser comunista. Nadie entra ilegalmente a un país comunista para buscar una mejor vida para ayudar a su familia, la gente necesitada entra a América ilegalmente para trabajar cruzando el desierto y arriesgándose porque América es el país de la libertad, de la democracia y de las oportunidades. La gente que escapaba de la miseria del comunismo y de los comunistas han venido a América, conozco a algunos de ellos, rusos y polacos, y están muy felices de haber venido a este maravilloso país".

El ambiente del club era muy agradable y lujoso. Todo, absolutamente todo, era perfecto, limpio, brillante, organizado, abundante, luminoso y admirable. Las toallas coloridas y nuevas descansaban en el bar de la piscina, los empleados vestidos con blanquísimos uniformes limpiaban todo lo que los socios ensuciaban, los camareros les alcanzaban todo lo que ellos querían, los guardias de seguridad controlaban todo los ambientes y pasadizos, las flores naturales y las palmeras de formas finamente simétricas parecían de porcelana inerte. Cientos de servilletas eran ensuciadas diariamente, toda clase de fruta y ensaladas se botaban a la basura en delicioso estado, hermosa y costosa vajilla se rompían sin remordimiento, objetos electrónicos carísimos eran olvidados en el patio sin ser reclamados nunca. Y en armonía con el entorno, las socias y los socios del club eran sutilmente amables y poseían una sonrisa eterna tersamente limpia y privilegiada.

"Este país es así gracias a nuestros padres y abuelos que trabajaron para crear una sociedad moderna y cómoda", agrega otra socia. "Es una pena que ahora eso esté cambiando y que las nuevas generaciones ya no quieran trabajar como lo hacían nuestros padres. Los inmigrantes vinieron a América a buscar libertad y oportunidades para trabajar, entonces vinieron a trabajar duro y a educar a sus hijos para tener un futuro profesional mejor y ganar más dinero haciendo buenos trabajos. Nuestros abuelos vinieron pobres desde Europa y encontraron muchas dificultades y los trabajos más duros. Trabajaban en minas muchas horas por poco dinero, trabajaban en el campo recogiendo tabaco y algodón durante todo el día, trabajaban en las fábricas sin descansar y sin beneficios. Trabajaban muy duro nuestros abuelos, con su trabajo educaron a sus hijos para que vayan a la universidad y así no tengan que sufrir tal como sufrieron ellos. Sus hijos estudiaron inglés y una profesión porque escucharon a sus padres hablar sobre lo que significaba el sufrimiento en el trabajo a causa de que no se tenía educación ni se sabía hablar inglés. Los padres solamente hablaban inglés para que sus hijos aprendan el idioma y vayan a la universidad. Entonces los hijos estudiaron y progresaron y las siguientes generaciones también se educaron para vivir mejor con mejores trabajos. Los inmigrantes que vienen ahora son diferentes, quieren hacer dinero rápido, no quieren trabajar y no respetan los valores americanos. Los hispanos vienen y no aprenden inglés y no se adaptan; quieren dinero rápido y trabajan desde muy jóvenes y no se educan; tienen muchos hijos para que ayuden a la familia trabajando y ganando dinero; tienen tantos hijos sin educación y sin control que terminan siendo miembros de bandas de delincuentes. También vienen inmigrantes de la India, de la China y otros países con costumbres y religiones muy diferentes, y el gobierno no hace nada para evitar eso, el gobierno apoya y ayuda con nuestros impuestos que pagamos a estos inmigrantes que escapan de las pobrezas creadas por los gobiernos corruptos de sus países. Entonces, los inmigrantes que escapan de la pobreza de su países vienen y reciben ayuda del gobierno, matriculan a sus hijos en las escuelas que los americanos pagamos con nuestros impuestos, reciben ayuda médica y medicinas, reciben mucha ayuda social, gozan de nuestro estilo de vida sin pagar por ello, disfrutan de nuestros parques, utilizan nuestros servicios, consiguen trabajos ilegalmente, son protegidos por nuestra policía y nuestros bomberos, se benefician de todo lo que hemos construido con nuestro trabajo y nuestros impuestos. El gobierno no hace nada, porque si hace algo en contra de los inmigrantes, le acusan de violar los derechos humanos. América está cambiando, y eso es muy triste. El gobierno y las corporaciones ya no apoyan a los americanos, el espíritu de nuestros padres, de los verdaderos americanos que verdaderamente querían a este país, se está desvaneciendo poco a poco. Ahora sólo interesa el dinero a los empresarios que trasladan las fábricas a otros países donde los obreros ganan dos dólares diarios. El trabajo se está mudando a China. Al gobierno y a las corporaciones no les importa si la gente americana no tiene trabajo aquí, no, a ellos les interesa ganar dinero, pero eso no es todo, las corporaciones tampoco quieren pagar mucho dinero aquí en los Estados Unidos, entonces está importando mano de obra más barata gracias a la ayuda del gobierno que siempre está apoyando a las corporaciones porque éstas dan dinero al gobierno y financian las campañas presidenciales de todos los candidatos. El gobierno regala miles de visas de trabajo a extranjeros que son contratados por las corporaciones para que vengan a América. Las corporaciones compran las visas porque los extranjeros que vienen a trabajar con contratos temporales cuestan menos dinero y trabajan más duro para poder quedarse, entonces vienen de la India, de China, de países musulmanes, de todos los países pobres del mundo vienen a América a trabajar por menos dinero con las visas de trabajo que el gobierno ha regalado a las corporaciones. Entonces el trabajo en Estados Unidos ahora es diferente, ahora se da trabajo al extranjero ilegal que cobra menos o al extranjero que tiene visa de trabajo que cobra menos también. Entonces éstos trabajan más por menos y eso es lo que le gusta a las corporaciones que ganan más dinero así. En Florida había un médico que mataba a los pacientes y las enfermeras. Le decían el 'doctor Mortis'. Ese médico había venido de la India con su visa de trabajo porque en América hay escasez de médicos. Vino a matar gente porque la educación en la India es pésima. Felizmente ahora está preso. Esa desgracia sucede por traer médicos de la India a los Estados Unidos, y el gobierno apoya esto porque las corporaciones quieren ganar más dinero trayendo gente que cobra menos. En lugar de importar empleados, el gobierno debería ayudar a los americanos a estudiar en las escuelas de medicina. En estos tiempos, las corporaciones se han centrado en ganar dinero al menor costo, ahora ya no interesa la calidad, no, lo que interesa es ganar dinero. El ideal y los valores de nuestros padres de hacer de América un país de trabajos bien hechos ya se ha perdido"

Otra señora, igualmente amante del tenis y abogada, se emociona y asegura con palabras firmes pero amables: "La educación es importante, los fundadores de los Estados Unidos de América eran personas educadas y preparadas que pensaron y discutieron sobre cómo construir de la mejor forma posible un gobierno que pueda satisfacer a todos. Esa tarea fue muy difícil, pero lo lograron al final. Hicieron un sistema de gobierno basado en el equilibrio de fuerzas que permite la oposición y separación de los poderes. El poder judicial es un poder independiente, el poder legislativo es un poder independiente, el poder ejecutivo es otro poder independiente, y el poder privado es también un poder independiente. Entre ellos se equilibran y buscan un balance que beneficia al pueblo porque el pueblo ha elegido a los miembros del poder legislativo, judicial y ejecutivo. El poder privado es la empresa privada que es parte del pueblo y que da trabajo y que paga sus impuestos. Los padres fundadores de los Estados Unidos de América dejaron abierta la puerta para modificar este sistema de gobierno porque sabían que los tiempos iban a cambiar. Por esta razón, se han hecho muchas modificaciones y se ha permitido el progreso de América...".

Antes de que terminara la dama de finalizar su discurso, otra gentil señora se sumó a la conversación y entusiasmada agregó: "He viajado mucho y todos admiran a los Estados Unidos, la gente come nuestra comida, bebe Coca Cola, ve nuestra televisión, admira nuestra tecnología, aprende inglés porque es el idioma más importante y desea venir a vivir a este país. He viajado por Europa y allí viven en espacios diminutos, uno sobre el otro, no tienen espacio para vivir decentemente, es un continente atiborrado. Cuando se viaja por otros continentes, realmente uno se da cuenta de lo maravilloso que es América".

Todas las señoras acuerdan, empiezan a hablar al unísono y la conversación se convierte en una arenga ininteligible hacia los Estados Unidos de América. Es posible escribir cientos de páginas con más opiniones de agradecimiento hacia los Estados Unidos y sus fundadores, y todos repetirían lo mismo. Es mejor decir solamente que los estadounidenses están orgullosos y agradecidos de su país y sus fundadores. Es fácil entender esto cuando se aprecia que la mayoría de sus habitantes viven una vida cómoda en comparación con el resto del mundo, y también es posible notarlo en los movimientos migratorios: los Estados Unidos es un país atractivo para los emigrantes de todo el mundo que buscan un lugar donde trabajar para mejorar sus vidas.

'La música es la opinión de los sentimientos'
(Escuchado en Maryland)

The Romantic Piano Guitar Latin Man

José de México, obrero retirado, padre de cinco hijos y cantante por necesidad, es un personaje digno de mencionar. José cruzó la frontera entre México y Estados Unidos muchas veces a pie. Recordaba que antes era muy fácil hacerlo pero que ahora está un poco difícil por la política y los políticos. Incluso, relataba que su padre solía decir que la frontera entre USA y México era invisible hace muchas décadas atrás, que los mexicanos viajaban a través de ella y que nadie tenía problemas. Gracias a la facilidad de cruzar la frontera, los 'gringos' tenían la mano de obra que necesitaban y los mexicanos tenían el trabajo que buscaban. Pero la política terminó con todo eso y lo que antes funcionaba dejó de funcionar.

José parece tener nostalgia de los viejos tiempos y odia las noticias de ahora que sólo hablan de asesinatos en la frontera. A José le ha pasado muchas cosas en sus más de cincuenta años de vida en los Estados Unidos, pero lo único que autorizó a publicar es su vida de obrero en una fábrica donde trabajó todas las noches durante treinta años acomodando pesadas cajas de licores que la banda transportadora le vomitaba con odiosa prisa y donde su jefe 'gringo' le decía que se apure sin importarle su salud, ni el calor, ni el frío, ni nada. Hasta que un día, sin jubilación ni reconocimiento ni nada, a pesar de que pagó todos los impuestos, renunció y se fue a cantar a las calles. Y cantaba bien, con pasión, con alma, con sentimiento, con amor.

El señor José cantaba canciones románticas, tocaba la guitarra, el piano, y se consideraba un hombre latino puro. Cantaba para ganarse la vida, pero ahora descansaba cuando se le daba la gana y recibía dinero por cantar. Podía cantar la canción que el cliente quisiera, en el tono que quisiera, de la forma que quisiera. Si el cliente estaba alegre, cantaba alegre; si estaba triste, cantaba triste; si estaba borracho, cantaba borracho.

José explicaba que cuando cantaba en las calles, dejaba de sentir frío en la inmensa ciudad de concreto y de apurada gente, que a pesar de su grandeza, hacía creer que se la poseía toda, y ese era su más cruel engaño, afirmaba José. El buen cantante explicó que los mexicanos vienen a Estados Unidos porque en su país no hay trabajo debido a que los políticos son corruptos y ladrones. Narró una historia de una joven muchacha que "...viajó durante una semana para poder escapar de la pobreza mexicana y que al llegar a una pobre habitación en Chicago –donde la esperaba un duro trabajo y más miseria, pero con trabajo aunque sea- se sentó calladita en un viejo sillón para ver en la televisión al ex presidente mexicano rodeado de lujos en Suiza, después de haberse robado más de mil millones de dólares, no un millón, no diez millones, sino mil millones". José dijo que esto era injusto, y también dijo, con más rabia, que era injusto que la policía de migración la había tratado como a una criminal cuando la encontraron, mientras que al ex presidente mexicano lo trataban como a un príncipe. José era religioso, porque según él, "…¿sin justicia divina, la vida tendría sentido?

'El peor enemigo de un inmigrante es otro inmigrante'
(Escuchado en Georgia)

El más antiguo inmigrante latino

En Estados Unidos se necesita pedir permiso al municipio para casi toda actividad económica pública y privada, para cambiar un toma corrientes, arreglar una ventana o para abrir un quiosco. Para hacer todo esto se necesita contratar personas con licencia que cobran mucho dinero porque se supone que ellos son expertos en el oficio. Pedro, limeño de Miraflores, profesional egresado de la universidad y procedente de una 'buena familia' que tuvo mucho dinero en el pasado, según sus propias palabras, estaba reparando las ventanas de una casa del vecindario y estaba muy molesto por la situación en estos tiempos. Ya no era como antes, decía, y recordaba que "… hace muchos años, en las décadas de los setentas u ochentas, se ganaba mucho dinero, pero ahora no porque los nuevos inmigrantes, que ya son demasiados, cobran menos por conseguir clientes. Yo odio a los inmigrantes y quiero que el gobierno los bote a todos, y estoy en contra de la ley de inmigración que permite regularizar más inmigrantes".

"La situación actual", según Pedro, "es pésima por la avalancha de mexicanos ilegales que han cruzado la frontera después de la ley de amnistía del presidente Ronald Reagan". Pedro votó por él, pero dice que se equivocó. "Ronald Reagan era un líder y por eso nadie le contradijo cuando pidió al congreso que le aprobaran su ley de amnistía. Lo hizo porque sus amigos, los industriales, necesitaban mano de obra barata, entonces miles de mexicanos empezaron a venir por la frontera, vinieron endeudados y buscaron trabajo, aceptaban el salario que sea, porque al final era más que en México, o al menos había trabajo. Simple ley de oferta y demanda. Los salarios cayeron y los industriales felices. Todo gracias a Reagan".

"Yo vine a Estados Unidos cuando no había inmigrantes como ahora", afirmaba Pedro, "y en ese entonces todo era mejor, iba a los bares donde todos eran amigos, conocía chicas bonitas que se morían por los latinos, trabajaba lo debido y cobraba bien, ahora, la gente no quiere saber de los latinos, las mujeres saben que son tramposos y ya no se puede cobrar lo justo porque a la vuelta de la esquina hay diez más que cobran la mitad por el mismo trabajo".

80

'La riqueza se crea con el dinero y con el trabajo de los demás'
(Escuchado en Texas)

Managers

La administración de empresas estadounidense es famosa en todo el mundo. Los políticos locales afirman que el negocio de los Estados Unidos son los negocios y la gente común se enorgullece de que las cadenas de comida rápida estadounidenses se hayan en casi todos los países del mundo. El gerente de una franquicia explica mejor lo que significa el *business administration:* "El sistema de administración de los estadounidenses es el mejor del mundo porque 'todos' son *managers* (gerentes), de esa forma todos se controlan entre sí, todos tiene responsabilidades, todos son jefes de alguien y todos tienen un jefe. Por más jefe que seas, siempre hay alguien encima de ti. Al final no sabes quién es tu jefe y quién es quien, parece un caos, pero tiene su razón de ser: control y temor. Es un sistema donde por temor o por arribismo la gente trabaja. Nadie conoce al jefe de todos los jefes, así que todos deben obedecer, y sólo los nuevos empleados saben que ellos son lo último, pero continúan en el sistema porque saben que hay la posibilidad de subir y de ser jefe de alguien algún día. Y además, todos estuvieron alguna vez abajo, así es que se conoce lo que significa el sufrimiento de ser novato y se conoce todos los trucos. Las compañías instalan sistemas de cámaras, sistemas de seguridad y sistemas de control de todo; las compañías contratan los servicios de terceros para evitarse problemas de personal y finalmente, las compañías crean un sistema donde los trabajadores son números que producen y hacer ganar dinero a la compañía, nada más. Si no te necesitan o pierden contigo, los jefes te despiden en un minuto. El trabajo es lo primero y lo último, la familia o el resto no cuenta. El trabajo es una competencia donde todo vale. La esencia, la idea básica, el valor primordial es hacer dinero, y hacer dinero es el espíritu de los Estados Unidos".

'El sueño americano es una marca registrada'
(Escuchado en Delaware)

El hondureño

Lucio había venido solo desde Honduras unos diez años atrás en busca de trabajo y poder así ahorrar dinero para construirse su casa en su ciudad natal. Había dejado su esposa y su hijo recién nacido en la casa de su mamá. Trabajaba doce horas al día, todos los días de la semana y enviaba casi todo su dinero a su esposa. Había traído a sus tres hermanos pagando sus pasajes para que también trabajen en Estados Unidos y puedan ahorrar dinero para regresar a Honduras y poder asegurarse un futuro mejor. Por desgracia, uno de sus hermanos había sido deportado unos meses atrás porque tampoco tenía documentos estadounidenses. Todos ellos habían entrado a los Estados

Unidos por la frontera con México.

El hermano mayor de Lucio, Alejandro, estaba manejando tranquilamente por Nueva Jersey un día domingo con sus amigos después de haber asistido a una reunión social, cuando de pronto, una patrulla policial los empezó a seguir por varias calles. Alejandro se puso nervioso, y por más que sus amigos le dijeron que maneje sin alterarse para no cometer un error y así darle al oficial de policía una razón para detenerlos, Alejandro cometió uno y muy grave. Se pasó una luz roja y el policía los detuvo, llamó a migración, los enviaron a la cárcel, los maltrataron, los obligaron a trabajar, les negaron todos los derechos fundamentales de todo ser humano, y después los deportaron a su país Honduras. Cuando conversé con Lucio, Alejandro estaba planeando su retorno hacia Estados Unidos.

Ellos hacían trabajos que los estadounidenses no quieren hacer, son trabajos muy duros que anteriormente eran bien remunerados. Con el tiempo y el desarrollo de la economía, los 'gringos' dejaron de hacer ese trabajo y el vacío lo llenaron los inmigrantes. Debido a que muchos de los inmigrantes no tienen documentos, los empresarios bajaron los sueldos, aprovechándose de la situación.

Mucho tiempo después, llamé por teléfono a Lucio y tenía muchas novedades que contar. Su esposa le había engañado con otro hombre, amigo suyo, y se había quedado con el ahorro de más de ocho años de trabajo. Lucio se había enterado de que apenas unos tres meses después de su partida, su esposa ya lo había estado engañando. A Lucio le dolió mucho esta mentira por su hijo. Lucio quería una vida mejor para el bebé, pero supo que la madre gastaba el dinero en fiestas, ropa y cerveza.

Además, Lucio estaba teniendo problemas con el alquiler de su cuarto porque el propietario le había pedido su número de seguro social y Lucio tenía uno pero falso que había pertenecido a un señor fallecido veinte años atrás. "He venido a trabajar, no soy un delincuente, me piden permiso para alquilar, permiso para trabajar, permiso para todo. Al único que le puedo pedir permiso es a Dios… Espero retirarme pronto, faltan pocos años, unos cinco o seis más y me regreso a Honduras. Ya estoy haciendo mi casita, la voy a terminar pronto. Estoy cansado de este trabajo, todos los días lo mismo, desde las madrugadas hasta la noche. Trabajo haciendo sándwichs todos los días, miles de sándwichs he hecho, horribles sándwichs que comen éstos. Eso sí, cuando me regrese a mi país, nunca más voy a comer un sándwich en mi vida".

'Mis armas son para proteger mi propiedad'
(Escuchado en Louisiana)

Tierra

Mi profesor de quechua, el luchador social peruano Hugo Blanco, una vez me explicó su pensamiento acerca de la tierra. Explicó que el peruano andino necesitaba de la colaboración de su comunidad debido a lo accidentado y poca productividad de su tierra. Hugo Blanco se dio cuenta de esto cuando estaba en Suecia. Europa, me dijo, parece un paisaje de juguetes para niños, es fértil y de fácil acceso tecnológico; Perú es lo contrario, accidentado, infértil y muy difícil para aplicar la tecnología. Por esa razón, Hugo Blanco entendió por qué el hombre andino es comunista por naturaleza. En la gran ciudad de Nueva York, conocí también a una profesora que le gustaba estudiar todo lo humano sobre la tierra y todo lo territorial sobre el fenómeno humano. Profesora de historia y experta en la propiedad de la tierra, había leído casi todo sobre las luchas campesinas por la tierra, y además, tenía mucho respeto por Hugo Blanco.

La profesora, que era muy guapa y directa en su hablar, trabajaba en una gran universidad enseñando historia de las civilizaciones a estudiantes de todo el mundo. Explicó que los Estados Unidos de América era un gran país gracias a su tecnología militar y a la ambición de sus líderes. Casi todo el territorio estadounidense había estado ocupado por muchas naciones antes de la llegada de los europeos. Debido al deseo de tierras por parte de los ingleses, alemanes, holandeses, españoles, franceses, mexicanos y otros europeos, el ejército inglés, español, francés, mexicano y estadounidense expulsaron o asesinaron a los antiguos ciudadanos.

Yo pensé que estaba exagerando. Le pregunté por sus fuentes y ella me sugirió que leyera un libro popular, como el libro titulado *'Historia de América'* publicado por la popular revista *'Selecciones del Reader's Digest'*. Lo leí, y efectivamente, casi todo el territorio de lo que hoy es los Estados Unidos estaba poblado por ciudadanos de muchos países antes de la llegada de los españoles. Ahora los descendientes de aquellos ciudadanos están confinados y atrapados en pequeñas reservas.

Hoy en día, los descendientes de los usurpadores de tierras ajenas que exigieron a los diferentes gobiernos que eliminen a los nativos, defienden sus tierras de la misma manera. Esto lo descubrí una vez cuando por desinformación 'invadí' terrenos privados estadounidenses y casi soy 'eliminado también. "Tierra o muerte', que me parecía una frase comunista, en realidad es una frase capitalista.

'El peor castigo de Adán no fue trabajar, sino trabajar para otro'
(Escuchado en una Iglesia)

Vivir para trabajar o trabajar para vivir

Todo antropólogo que desea hacer una etnografía debe trabajar en el lugar de estudio para ganarse la vida, si no lo hace su trabajo carece de lo fundamental. Pero Estados Unidos no es el Perú y los estadounidenses no son peruanos. En Perú conocí muchos 'gringos' que trabajaban y que incluso iniciaban negocios sin tener los documentos necesarios, e incluso no hablaban bien el español, pero recibían la ayuda de muchas personas generosas y bondadosas. En los Estados Unidos, un sudamericano con acento hispano que busca trabajo es un 'ilegal', es un trabajador sin habilidades y que está destinado a realizar trabajos duros, sucios y mal pagados.

Yo tuve suerte porque mi primera ocupación fue la de barman en un restaurante agradable gracias a la recomendación de un profesor universitario argentino. Pero para hacer esto necesitaba la licencia, porque en Estados Unidos se necesita licencia para casi todo. Entonces me matriculé en un *community college* que es un lugar donde se estudia los primeros años de la universidad y donde ofrecen muchos cursos y carreras técnicas. Allí estudié para obtener mi licencia de *bartender*. Pagué doscientos cincuenta dólares por el curso para obtener la licencia. Por supuesto, yo quería aprender algo y mis expectativas eran más que la simple licencia. Al final fue una decepción porque el profesor sólo habló sobre sus anécdotas y lo único que nos enseñó fue, aunque parezca inverosímil, cómo sacar el corcho de una botella de vino.

Como barman aprendí muchas cosas, escuché infinitas historias y conocí personajes más ficticios que las novelas de ficción. La constante era la misma, el trabajo. Los clientes venían a tomar un trago para relajarse de la presión del trabajo diario. Según lo que observé, descubrí dos tipos de personas, los que trabajan felices y los que sufren en el trabajo. Los primeros aceptan el sistema estadounidense y solamente se fijan en las recompensas materiales, los segundos ven todo diferente, sienten que son abusados y que no viven sus vidas. Todos los clientes pertenecían a la clase media alta, profesionales y con buenos salarios, empleados de corporaciones, tanto clientes masculinos como femeninos. Ante mis preguntas, ambos grupos reconocieron que en los Estados Unidos ya no se vive bien como antes y que, como aclaró alguien mientras bebía su Margarita…"El país debe cambiar porque no se puede seguir así, las corporaciones abusan mucho, los ricos se hacen más ricos, y nosotros trabajamos como esclavos. Debe haber una solución, no una revolución, porque no es posible en este país, Estados Unidos es demasiado poderoso. Debe haber un cambio en las reglas de juego. El presidente dice que en otras culturas la familia es importante, que los familiares se tocan físicamente, que juegan con sus hijos, que nosotros somos fríos e individualistas, pero el gobierno no hace nada para que nosotros tengamos tiempo para la familia, aquí o trabajas más o te vas a la calle".

'En Estados Unidos todo es posible'
(Lorgio Cáceda, empresario trujillano residente en Texas)

El ingeniero ingenioso

En un centro de inmigrantes hispanos trabajaba voluntariamente un colombiano de edad madura que colaboraba con entusiasmo en las actividades que se estaban llevando a cabo. Realmente, su optimismo era contagioso y sus palabras ensalzaban todo lo que mencionaba. Nunca decía algo que ofendiera a alguien y siempre encontraba una posibilidad ante todo obstáculo. "En mi país yo no hacía nada hermano. Sólo pasaba el tiempo con los amigos y nada más. Tomaba mi roncito y me iba a dormir. La pasaba bien. No quedaba otra hermano. No había trabajo, no había dinero, pero sí había tiempo para la diversión, para la fiesta y para el chisme. Yo ya estaba casado en Colombia y con dos hijos y nada hermano. Que podía hacer, venirme para acá. Y acá sí que mi vida cambió porque aquí si no trabajas te caes muerto en la calle y nadie te ayuda. Aquí todo cuesta y hay que trabajar porque si no, estás en problemas. Aquí en este país trabajé desde abajo. Trabajé en construcción y aprendí todo. Mucho tiempo hice esto, pero me cansé de trabajar para otro, porque aquí si trabajas para otro, no ganas dinero, y otro es el que gana. Así que estudié y me preparé y comencé mi negocio y ahora tengo otros que trabajan para mí. Y yo los trato bien porque me acuerdo cuando me trataban mal y eso no me gustaba. Con dos hijos y mayor vine, y estudié y me superé. Con mi empresa y con más dinero, me dije, necesito estudiar más y crecer más. Y así lo hice. Estudié para ingeniero y ahora soy ingeniero. Y doy trabajo a mucha gente y ellos pueden mantener a sus familias y educar a sus hijos. Haciendo empresa y dando trabajo se es mejor cristiano. Y así lo hice. Y ahora estoy estudiando más, y trabajando más, y dando más trabajo. Y por eso aquí me han condecorado como ciudadano ejemplar y he ganado diplomas y medallas. En este país el que quiere triunfar, triunfa. Esto se puede hacer porque te dan todo para que tú cumplas tus objetivos. Allá en nuestros países no hay esto, allá no hay posibilidades. Quisiera que se vengan todos, es mejor ser ilegal en Estados Unidos que legal en Colombia".

La declaración del ingeniero colombiano nacionalizado estadounidense coincide con docenas de declaraciones de inmigrantes que han logrado hacer empresa y estudiar en los Estados Unidos. Siempre hay una forma de establecerse y adaptarse al sistema local de la mejor forma posible. Para lograr esto es importante la información y la ambición. Información porque en los Estados Unidos existe una burocracia enorme con miles de reglamentos que están destinados a ayudar al que busca su desarrollo personal. La información y los medios para lograr los planes personales existen, lo que se necesita hacer es encontrarla y aplicarla.

Los Estados Unidos son un país con mucho dinero y parte de su enorme presupuesto está destinado a financiar los estudios y los negocios de los que desean embarcarse en el mar de las posibilidades y la superación. Se necesita mucho tiempo para informarse de todas las posibilidades y ayuda que se puede recibir, es cierto, pero vale la pena buscar ese respaldo. Por desgracia, muchos inmigrantes desconocen el idioma inglés, desconocen de la existencia de agencias del gobierno, trabajan demasiadas horas, disponen de poco tiempo y trabajan muy duramente por lo que están muy agotados para poder buscar información sobre la ayuda a los inmigrantes.

'No hay absolutamente nada gratis en los negocios'
(Profesor de economía en USA)

Free

Salvador llegó de Guatemala y estaba muy contento a su llegada a los Estados Unidos porque no tuvo muchos problemas al cruzar la frontera con México y porque podía distinguir la palabra *free* en todos los anuncios publicitarios. Él había estudiado un poco de inglés antes de viajar a los Estados Unidos y sabía que la palabra inglesa *free* significaba libre. Salvador se dijo a sí mismo: "Estados Unidos es la tierra de la libertad y por esto tanto usan la palabra *free*". Apenas pocos días después se dio cuenta de que *free* no sólo significaba libre sino también 'gratis', y que los negocios ofrecían productos y servicios *free* o 'gratis'. Pero Salvador era inteligente y había estudiado administración de empresas en su país natal y había aprendido que la publicidad era mentirosa. Él, a diferencia de sus paisanos que llegaron con él, evitó caer en el sistema estadounidense del crédito. "Es una lástima que muchas personas ingenuas caigan en la misma trampa de las tarjetas de crédito 'gratis' una y otra vez a su llegada a los Estados Unidos", se lamentó Salvador.

"Vine a trabajar, a nada más", asevera Salvador. "Desde que llegué a los Estados Unidos hace quince años, he trabajado todo el día, sin vacaciones, sin beneficios laborales, sin gratitud. Pero después de tanta pena, valió la pena haber venido porque estoy construyendo mi casa en mi país, estoy enviando dinero a mi mamá, algo que nunca hubiese podido hacerlo si me quedaba allá. Aquí en los Estados Unidos trabajo en la cocina de un restaurante preparando la comida. Los gringos comen comida congelada industrial con químicos, esa es la comida de los gringos".

Salvador está cansado, siempre está cansado. Trabaja de seis de la mañana hasta las seis de la tarde, de domingo a domingo. Vive en un diminuto departamento alquilado junto con otros siete guatemaltecos. Comparte los gastos y los reducidos espacios con sus convivientes porque es la única manera de ahorrar dinero. "Se puede ahorrar si se trabaja bastantes horas y si se comparte los gastos con varias personas" explica Don Salvador. "Mientras más horas se trabaja, mejor. Pero si te enfermas o tienes un accidente, pierdes tus ahorros. Muchos de mis amigos que vinieron se divorciaron aquí porque aquí las mujeres pueden independizarse, trabajar y ganar suficiente dinero para no rogarle al marido que la mantengan. Yo dejé mi esposa en mi país y pensé que había sido una buena decisión porque veía cómo mis amigos perdían a sus esposas aquí. Pero me equivoqué. Yo le había estado enviando dinero durante meses y años, y para qué. Ella se metió con otro y me engañó. Pero aquí estoy, dándole no más. Trabajando con ganas porque sé que en unos años regresaré a mi país tranquilo a mi casa. El tiempo pasa rápido".

Salvador leía poesía y también había estudiado literatura española en la universidad. Salvador se había salvado varias veces de ser deportado del país, pero sus dos hermanos no tuvieron la misma suerte. Ellos fueron detenidos por la policía, encarcelados y obligados a trabajar para pagar sus gastos en la cárcel. Después fueron llevados al aeropuerto y enviados de regreso a su país. En la cárcel estuvieron detenidos por varias semanas junto con más de doscientos inmigrantes. La policía liberó solamente a dos detenidos quienes incluso recibieron documentos de identidad del gobierno. Los hermanos de Salvador nunca supieron por qué. De regreso a Guatemala, iniciaron una nueva etapa de sus vidas, trabajar para ahorrar y regresar a los Estados Unidos otra vez. Esta nueva etapa era la repetición de una antigua etapa, pero ellos no veían otra solución porque la idea de quedarse en su país no era de su agrado.

"El trabajo para los inmigrantes es duro y mal pagado" se lamenta Salvador. "Los gringos no quieren hacer los trabajos duros y entonces contratan inmigrantes. Te piden número de seguro social y tú le das uno cualquiera y no les interesa porque los empresarios necesitan empleados. No entiendo por qué algunos inmigrantes esperan en algunas esquinas para que alguien los contrate para hacer algún trabajo. Ellos no saben que pueden conseguir un trabajo con sólo mostrar un número de seguro social. Claro, el trabajo que van a conseguir va a ser mal pagado y muy duro, pero solamente eso se consigue. No importa si el inmigrante es profesional o no, para los gringos el inmigrante latinoamericano es ignorante y sin educación porque no sabe hablar bien el inglés. Eso de pararse en una esquina y esperar por trabajo no vale la pena. La única forma de ahorrar dinero es trabajar más horas y compartir la casa y los gastos con otras personas". Efectivamente en muchos lugares públicos se puede observar grupos de inmigrantes latinoamericanos que esperan durante horas para que alguien les ofrezca un trabajo temporal de poca remuneración. Salvador prosigue: "Hermano, es peligroso hacer eso. Me contaron que cerca de Nueva York dos paisanos estaban en una esquina esperando por trabajo. Dos gringuitos jóvenes llegaron y les ofrecieron un trabajo que parecía bueno. Los gringos tenían unos diecisiete años y les dijeron que limpien una casa vieja por siete dólares la hora. Los paisanos aceptaron y se subieron a la 'troca' (es 'espanglish' y significa camioneta, viene del inglés *truck,* camión en español) y fueron conducidos hasta una casa bien grande y bien vieja. Entraron mis dos paisanos con los dos gringos a la casa. Los gringos cerraron la puerta con llave y los llevaron hasta el sótano, allí estaban esperando unos cinco o seis gringos más, ninguno de los cuales tenía más de dieciséis años. Los rodearon a mis dos paisanos quienes estaban sonriendo todo el tiempo porque estaban contentos de haber conseguido un trabajo y algo de dinero para comer. Ya estaban pensando en ir a comprar pan y algo de tomar a la tienda después de terminar el trabajo. Los gringos también estaban sonriendo y murmurando palabras difíciles de entender, mis paisanos pensaban que los gringos también iban a participar en el trabajo de la limpieza de la casa inmensa que parecía sacada de una película de terror. Todos los muebles estaban viejos y rotos, las paredes estaban todas sucias, y todos los rincones apestaban a olores fuertes que eran indescriptibles, pero sí repugnantes. Mis dos paisanos estaban allí parados, rodeados de los gringuitos esperando órdenes para empezar a trabajar y ganarse algunos pesos para comer. Allí estaban. Los gringuitos sacaron cadenas pesadas y comenzaron a golpear a mis pobres paisanos, los golpeaban con un odio aterrador, los estaban matando a mis paisanos. No, no tan rápido, los gringuitos los estaban torturando primero"

Salvador me explicó que los paisanos sobrevivieron al final pero que no denunciaron ante la policía porque eran inmigrantes sin documentos estadounidenses, y las autoridades del país exigen documentos estadounidenses y no documentos de otros países. Salvador pensaba que esto no era justo porque en su país "...los estadounidenses trabajaban y manejaban negocios con sus pasaportes estadounidenses nada más".

Salvador declaró que sus dos paisanos torturados se habían ido a la ruina porque creyeron tontamente en la palabra *free* (gratis en español) que los publicistas y las corporaciones, utilizan malamente para engañar a los descuidados clientes inocentones. Los dos paisanos habían comprado, sin quererlo, cosas innecesarias porque pensaron que eran gratis; se habían endeudado a través de créditos que prometían ilusiones gratis; habían perdido sus trabajos porque habían perdido sus carros; y estaban casi a punto de perder a sus familias. "El hospital les atendió muy bien, les curaron sus heridas, pero después les llegaron las cuentas que eran de miles de dólares. Emergencia es lo más caro en los Estados Unidos. Si no pagas al hospital, ellos esperan, son muy pacientes, pueden esperar hasta el día de tu muerte, entonces cobran todo lo que debías, más intereses". Salvador había aprendido tres lecciones en los Estados Unidos: nada es gratis, todo es caro, y no confiar en nadie. Estados Unidos es el país de los *business* (negocios), razonaba Salvador, y "eso es lo más importante en este país". "Todos está vendiendo algo, todos quieren tu dinero. Y lo venden a un precio caro porque todo es caro en este país. En Guatemala puedes esperar fácilmente que alguien te ayude o te haga un favor gratuitamente si tienes problemas. En Estados Unidos es más difícil. No es que la gente sea mala, sino que no tiene tiempo y pierde dinero si lo dedica para ti".

"Todos los negocios te ofrecen cosas gratis, pero te engañan. La gente en el fondo sabe eso pero continúan cayendo en la misma trampa por necesidad. Después de todo, el ser humano es el único animal en caer infinidad de veces en la misma trampa", dice un poco molesto Salvador. "Cuando entro al Internet veo la palabra *free*. Cuando ojeo los periódicos porque no puedo leerlos, porque estoy cansado o no tengo tiempo, encuentro la palabra *free* en casi todos los anuncios. Cuando recojo el correo del buzón, solamente encuentro publicidad con la palabra *free* que me envían los negocios tratando de venderme algo que en el fondo creo que no necesito. No me llegan cartas porque ya nadie escribe, la gente ya solo escribe correos electrónicos, solo llega publicidad. En mi buzón sólo encuentro publicidad y cuentas por pagar. Cuando veo la televisión, los anuncios y comerciales ofrecen casi todo *free*. Cuando hago las compras en el supermercado, puedo ver al lado de los precios la palabra *free*. Mis familiares no me llaman por teléfono, en lugar de eso, los negocios pagan personas o máquinas que me llaman por teléfono todos los días para venderme cosas que son *free*. Y *free* es gratis. Y yo me pregunto lo que se preguntaba mi sobrino de siete añitos, 'si es gratis, entonces cómo diablos ganan tanto dinero'. Y allí está todo el inmenso truco del mercado gringo: los codiciosos son los mejores clientes, y los gringos son codiciosos. El deseo codicioso de tener cosas *free* es el motor de esta economía de consumo".

'Estados Unidos es el único país donde los pobres son gordos'
(Profesora de nutrición en el *Delaware Tech*)

Fresh

Martha llegó de Guatemala sola y endeudada. Su prima la esperaba al otro lado de la frontera para ayudarla a encontrar trabajo y así poder pagar sus deudas. Sabía que iba a ser una vida dura, pero tomó la decisión cuando su madre enfermó y ella no podía pagar las medicinas porque su sueldo era demasiado poco. Martha tenía miedo porque había escuchado que la policía maltrataba a los inmigrantes antes de deportarlos. Su mamá le dijo que prefería que se quedara en Guatemala aunque sea sin dinero porque en Estados Unidos la iban a maltratar. Martha había trabajado de cocinera en un hotel para turistas y quería hacer el mismo trabajo en los Estados Unidos. Ella era una experta en comida guatemalteca y sabía preparar un arroz delicioso que se comía mejor sin acompañamiento. Al llegar a los Estados Unidos, notó que todos los restaurantes y tiendas de comida tenían el aviso que decía *fresh*. "Por todos lados donde vendían comida leía la palabra *fresh*" recordaba la señorita Martha. "Entonces agarré mi diccionario y busqué la palabra *fresh,* y vi que en español significaba 'fresco'. Así es que pensé que todo era fresco en los Estados Unidos. Apenas unos días después de llegar, me puse a trabajar en una cadena de restaurantes de alta categoría donde también había la palabra *fresh* por todas partes. Me preparé para trabajar con mis cuchillos y todas mis cosas para cortar la cebolla, las papas, los tomates, los ajos. Ya estaba lista y quería demostrar mi habilidad a mis jefes, pero nunca llegué a utilizar mi cuchillo para cortar cebollas o apio, solamente usé mi cuchillo para cortar cajas de cartón y bolsas donde venía la comida. Toda la comida venía congelada, cortada, preparada y precocida. Entonces, creo que el diccionario estaba mal, *fresh* significa congelado".

Martha trabajó en muchos restaurantes antes de encontrar uno que le gustase. Ella se quejaba de que muchos abusaron laboralmente de ella, que no le pagaban, que la maltrataban, que le gritaban... "Las primeras veces tuve mala suerte porque me tocaban abusivos dueños. Una vez trabajé para unos de Pakistán, de la India y de Nepal que son la misma cosa. Te hacían trabajar, gritaban todo el rato, y al final no querían pagar. Después trabajé para una cadena grande donde los jefes te apuraban y te apuraban y vendían basura. Después trabajé para un señor que jugaba golf todo el día y que sólo llegaba a gritarnos. Después trabajé para unos chinos y también te maltrataban. Después trabajé para una familia inglesa que había puesto video cámaras por todos lados y no te dejaba en paz nunca. Después trabajé para unos hispanos y pensé que iban a ser buenos, pero fueron peores que los anteriores. Ahora estoy tranquila porque trabajo para un restaurante pequeño y donde me tratan bien".

"Yo sufro mucho con la comida en este país. Todo está congelado o enlatado y tiene químicos. Y a mí me gusta saborear lo natural. Pero bueno, no todo se puede pedir en la vida, ¿verdad? Acá también hay restaurantes que venden comida fresca pero son muy caros. No sale a cuenta. El mundo está al revés. En mi país la comida es fresca y buena, pero los pobrecitos quieren ir a comer la comida chatarra de aquí Aquí la comida es congelada y la gente quiere comida fresca de mi país, pero no puede porque es cara y no tiene tiempo y la comida chatarra es rápida. Mi sueño es abrir un buen restaurante aquí".

La profesora estadounidense de nutrición del *Delaware Tech* me explicó que el *fast food o junk food* (comida rápida o comida chatarra) son comidas para la gente pobre y sin educación de los Estados Unidos. Según sus propias palabras: "La comida chatarra es rápida pero de baja calidad, tiene mucha grasa y químicos, la gente obrera sin educación la prefiere porque es barata y rápida. Las personas que son educadas y conocen el origen de la comida chatarra prefieren pagar más o cocinar en casa. Hacer esto es caro, pero aquellas personas no desean mal nutrirse o regalar dinero a las franquicias que tienen trabajadores en malas condiciones y mal pagados. No es posible encontrar a alguna persona educada en un *Walmart o Starbucks*. Un obrero frecuenta las cadenas porque es barato, puede pagar diez dólares en un *McDonald's* o cuarenta dólares en un *Tony Roma's*. Los estadounidenses con educación y con dinero, frecuentan los restaurantes manejados por familias que ofrecen un producto de calidad, claro allí se debe pagar ciento cincuenta dólares por persona para comer, porque allí cortan la cebolla y las papas, y esto cuesta dinero en este país. La mano de obra es cara aquí, la tecnología es más barata. Es mejor vender comida industrial que pagar cocineros".

'Gracias por tu tiempo'
(Popular saludo estadounidense)

Fast

Margarita llegó a Estados Unidos desde su pueblo de Bolivia donde tenía mucho tiempo para conversar con los amigos y la familia. Dejó a su hijo bajo el cuidado de los abuelos y se vino a norteamerica para trabajar y enviar dinero a sus padres para que puedan criar al niño. Margarita quiere quedarse en los Estados Unidos porque se siente más segura, más libre y con más posibilidades. Quiere traer a su hijo, a sus padres y a sus hermanos. Lo único que extraña de su país es la calma y los momentos lentos que pasaba con su familia y amigos. La única cosa que le disgusta de Estados Unidos es que todo es tan rápido.

"Me vine para vivir mejor. En nuestros países no se puede vivir decentemente" reflexiona Margarita. "¿Quién no quiere venir, todos quieren venir, aquí se puede trabajar y vivir, allá no. Vine al país del *fast food* porque aquí sí se puede, allá sólo hay pobreza, corrupción y más pobreza. El problema es que aquí es muy *fast,* es muy rápido. Debes manejar *fast*, debes trabajar *fast*, debes comer rápido, debes lavarte rápido, debes hablar por teléfono rápido, debes comprar rápido, debes hacer todo *fast* porque no hay tiempo y todo está lejos y... debes descansar *fast* porque el trabajo es duro". Se ríe Margarita al decir todo esto, y continúa. "Me levanto y hago todo rápido, porque si no lo hago, pierdo tiempo y llego tarde a mi trabajo y mi jefe me regaña y me pueden despedir. Los gringos llegan a su trabajo antes de la hora para poder empezar antes, y hacen todo rápido. Y salen del trabajo después de la hora y se van a la casa rápido. *Very fast.* Aquí no sólo hay la comida rápida o *fast food,* también hay la 'casa rápida', la 'farmacia rápida', el 'trabajo rápido', el 'servicio rápido', el 'matrimonio rápido', todo es rápido en este país. Los que pagamos los platos rotos somos los empleados de abajo porque nos apuran y nos hacen trabajar 'rápido'. En nuestros países, primero chismoseas al llegar al trabajo, aquí te hacen trabajar como a burros. Por eso, ves solamente empleados de limpieza y de cocina inmigrantes. Todo debe hacerse rápido, ¿has visto las casas que hacen acá?, las hacen igual que a las hamburguesas, todas iguales y bien rápidas".

102

'Lo que estás haciendo no es antropología'
(Un antropólogo estadounidense sobre mi trabajo de campo)

Reglas para el trabajo de campo del antropólogo primitivo

En varias oportunidades discutí lo que significaba el trabajo de campo del antropólogo con muchos colegas en los Estados Unidos. Muchos de ellos me dijeron que los antropólogos de los países del tercer mundo como el Perú carecían de conocimientos teóricos, y por lo tanto, sus resultados no eran confiables. Algunos mencionaron que casi todo el conocimiento sobre antropología estaba publicado en inglés por antropólogos de habla inglesa con grados académicos de Ph.D., y por esa razón, se podía considerar aceptable toda esa información.

Después de haber participado en muchos trabajos de campo en comunidades andinas con antropólogos estadounidenses y europeos, y después de haber realizado algunos trabajos de campo en los Estados Unidos, he podido advertir similitudes y diferencias en lo que se debe hacer y evitar en los diferentes trabajos de campo dependiendo de la situación particular. Por supuesto, se debe considerar la diferencia entre el trabajo de campo en comunidades menores y mayores, entre la investigación que se hace en un país rico realizada por un antropólogo proveniente de un país pobre, y la realizada por un antropólogo de un país rico en un país pobre.

Primera regla: saber el objetivo o 'para qué' del trabajo de campo.

El antropólogo debe saber 'para qué' está haciendo la investigación y tenerlo muy claro en su mente en todo momento. Si no se conoce para qué se está haciendo el trabajo de campo, entonces no hay sentido ni motivación. Y el para qué del trabajo de campo o el objetivo de la investigación, debe estar en armonía con los principios, valores y sentimientos del antropólogo. Mi trabajo de campo en los Estados Unidos lo he realizado para entender a sus habitantes y gobernantes, porque ellos de alguna manera afectan a todo el mundo por ser la mayor potencia mundial.

Conozco antropólogos que no saben o no quieren saber para qué están haciendo sus trabajos de campo. Recuerdo el caso de un antropólogo estadounidense que se dedicaba a la etnografía solamente para detectar potenciales recursos y venderlos a las corporaciones. O el caso de un antropólogo peruano que cobraba una inmensa cantidad de dinero a las corporaciones mineras europeas, australianas y norteamericanas para deshacerse de las poblaciones que habitaban las tierras adyacentes a los yacimientos minerales y así facilitar el camino para su explotación, además, el antropólogo y profesor, delegaba a sus alumnos el trabajo 'sucio' como parte de sus preparaciones académicas. Estos futuros antropólogos no sabían para qué les preguntaban a los pobres campesinos si ellos estaban dispuestos a mudarse a cambio de dinero.

Segunda regla: No hacer promesas.

Muchos antropólogos prometen ayuda a las personas que encuentran en sus estudios porque sienten la obligación de ayudar a cambio de la información y ayuda que reciben. Ningún antropólogo podría hacer su trabajo de campo sin la ayuda de los miembros de la comunidad estudiada. El antropólogo recibe el favor de ser atendido y asistido por los protagonistas de la investigación. Tal vez por este motivo, muchos antropólogos se sienten agradecidos, y en la emoción del momento prometen todo tipo de ayuda a sus informantes durante el transcurso de la investigación. Una vez terminado el trabajo de campo y de regreso en la comodidad del hogar, esas promesas son olvidadas.

Tercera regla: Preguntar correctamente.

Se debe preguntar correctamente para que el informe sea lo más veraz posible. No es lo mismo preguntar: '¿Usted es una persona limpia?', que preguntar: '¿Dígame qué hace cada día por las mañanas?'. La respuesta a la primera pregunta será casi siempre: 'Sí, soy una persona limpia', por supuesto. En la segunda pregunta, que es abierta, nos enteraremos indirectamente si la persona se asea cotidianamente. También, la pregunta debe ser clara y entendible tanto para el antropólogo como para el informante, y ambos deben estar hablando el mismo 'idioma'. Un caso extremo sucedió en Abancay, Perú, cuando un famoso antropólogo le preguntó a una joven mujer '¿...podría decirme en qué consiste la estructura de la fiesta...?'. La verdad, ni siquiera los antropólogos que estaban allí entendieron la pregunta.

Cuarta regla: Presentarse correctamente.

El antropólogo debe ser honesto y presentarse como antropólogo ante las autoridades y habitantes en general lo antes posible y evitar sospechas y comentarios prejuiciosos sobre su presencia. Ahora bien, los antropólogos pobres que van a lugares ricos, también deben hacerlo, aunque creo que no serán bienvenidos en muchos casos. Yo me presenté como antropólogo de Perú que hacía trabajo de campo en Norteamérica en algunas escuelas de antropología en los Estados Unidos y fui recibido con desinterés total. En forma parecida, me presenté como antropólogo en algunos exclusivos clubes de gente rica en Florida y logré que me expulsaran de allí. Hace muchos años, un grupo de antropólogos llegamos tarde en la noche a un pueblo andino y no pudimos presentarnos ante las autoridades por lo que acampamos en las afueras. Al día siguiente, nos dimos cuenta de que habíamos invadido el corral de un miembro de la localidad y que los habitantes estaban preocupados por nuestra presencia.

Quinta regla: Comportarse debidamente.

En privado y en público, el antropólogo se debe comportar correctamente. La gente local y los informantes estudian a los antropólogos en algunos casos mejor de lo que hacen los antropólogos y etnógrafos entrenados. Los habitantes de la comunidad estudiada observan a los antropólogos y comentan acerca de ellos y esto repercute en la relación profesional que se va a tener durante el trabajo. Dependiendo en alguna medida de la imagen que se tiene del 'intruso' investigador, se va a generar la información.

Sexta regla: Mantener principios.

Se debe mantener los valores y principios a lo largo del trabajo de campo. Cambiarlos significaría una falta de credibilidad y respeto. Algunos antropólogos, en cierto momento, cambian sus principios de acuerdo a sus interlocutores con el fin de ganar sus amistades y simpatías.

Sétima regla: Compartir.

Se debe compartir con sinceridad cuando es pertinente. Muchos antropólogos se horrorizan ante algunas insinuaciones donde se comparte una bebida, un alimento o sentimiento. Los antropólogos extranjeros que vienen al Perú tienen problemas con esta regla.

En los andes peruanos conocí a tres antropólogos suizos que miraban con asco los platos y bebidas en un almuerzo campestre. Uno de ellos se negó a compartir un trozo de pan por miedo al contagio de las enfermedades y causó cierto malestar en todos los presentes. En todo caso, se debe tener tacto en la solución de inconvenientes. Según mi experiencia, los antropólogos trujillanos, puneños, cusqueños y ayacuchanos no tiene problemas en compartir.

Octava regla: Hacer amigos de verdad.

Cuando un antropólogo va al campo a hacer su investigación, no está obligado a hacer amigos. Es un profesional que está haciendo su trabajo de investigación. Muchos antropólogos hacen amigos y esto es muy bueno, pero no una obligación. En muchas ocasiones, los antropólogos extranjeros que van al Perú 'amigan' a cada persona que encuentran y al final de su trabajo de campo se van dejando su falsa 'amistad' atrás.

Novena regla: Trabajar.

Si se quiere realizar una etnografía de larga duración, la regla es trabajar en la comunidad para ganarse la vida. Esta es la mejor forma de acercarse al conocimiento de la cultura local. No es hacer un simulacro o imitación, porque eso es una falsedad que no tiene valor. La idea es realmente trabajar para poder alimentarse y subsistir. Esto ayuda enormemente en el entendimiento de la vida local y cambia totalmente la perspectiva del investigador. Esta regla es obligatoria para un antropólogo pobre que realiza su trabajo de campo en un país rico por obvias razones. Hoy en día, la moda de algunos antropólogos europeos ricos con recursos es viajar a países pobres y 'trabajar' en oficios locales para experimentar la cultura local, pero en realidad no lo hacen para ganarse la vida porque reciben dinero de sus becas. Ayuda un poco para la investigación, es cierto, pero en sí no es un verdadero trabajo sino una imitación. Si los antropólogos que han hecho etnografías en comunidades pobres hubiesen trabajado para comer allí como el resto de la gente local, la historia de la disciplina sería totalmente diferente.

Décima regla: Vivir en el lugar.

Vivir en la comunidad de estudio es una importante regla porque nos permite 'sentir' la cultura local. Esta regla es una de las más difíciles de cumplir cuando la comunidad en estudio es muy pobre. Muchos antropólogos extranjeros realizan trabajos de campo en comunidades pero no viven allí. Buscan una ciudad cómoda cerca de la comunidad, y sólo de vez en cuando visitan la comunidad para recolectar datos.

Undécima regla: Los 'otros' son los antropólogos.

Se debe recordar que el extraño, el foráneo o el 'otro' es el antropólogo y no viceversa. Por más que en la universidad enseñen que los 'otros' son los miembros de las culturas estudiadas y que los antropólogos estudian a 'los otros', eso no es cierto. Incluso hay antropólogos que usan una mala palabra: 'otredad'. Todo antropólogo debe tener presente en todo momento que él es el otro. En un nivel superior, nos daremos cuenta de que no existen los otros, sino solamente nosotros.

Duodécima regla: El trabajo de campo es trabajo.

La investigación, la etnografía y el trabajo de campo son trabajos muy serios. Muchos antropólogos creen que el trabajo de campo es un paseo. Es cierto que hay momentos de diversión durante los trabajos de campo, pero se debe tener en cuenta que inclusive en estos momentos se está trabajando.

Décimo tercera regla: Sabia humildad.

Humildad con sabiduría es importante en el trabajo de campo. Esta regla es una de las más difíciles de cumplir tal vez porque la antropología es holística y el antropólogo se 'empapa' de conocimientos que tiene que ver casi con todos los temas humanos y culturales. Respetar esta regla significa escuchar, entender, analizar y ayudar. El problema radica en que muchos antropólogos nos olvidamos de esto y no escuchamos, sino que pensamos en las teorías mientras estamos en el campo. En otras palabras, vemos con las premisas de las teorías y no recolectamos datos importantes.

Décimo cuarta regla: Conocer el lenguaje.

Se debe conocer el lenguaje local para poder realizar el trabajo de campo. El uso de intérpretes y traductores distorsiona la información. En mi trabajo de campo en USA, debido a que mi inglés no es muy bueno y debido a que mi origen es hispano, muchos estadounidenses se fastidiaban porque no me entendían, y además pensaban que yo era un inmigrante 'ilegal sin documentos'. Antropólogos extranjeros que no conocen el lenguaje local de los países pobres no tienen el mismo problema. En las comunidades de la selva, la gente local tiene más paciencia, menos prejuicios y más comprensión.

Décimo quinta regla: Pedir permiso.

Se debe pedir permiso para toda actividad profesional y explicar las razones de la investigación a las personas que se está estudiando. Algunos antropólogos 'ricos' europeos o norteamericanos creen que tienen el derecho a grabar conversaciones o tomar fotografías de los habitantes de comunidades latinoamericanas e incluso entran en propiedades privadas sin consideración. Esta regla vale para todo tipo de trabajo y para toda clase de antropólogo, pero es sumamente importante si un antropólogo proveniente de un país pobre realiza su trabajo en un país rico. Personalmente, he tenido muchos problemas en los Estados Unidos donde la territorialidad y agresividad de la gente que defiende sus propiedades son asuntos muy serios.

Décimo sexta regla: Naturalidad.

La naturalidad es importante si se quiere recolectar datos con poca distorsión. En las conversaciones, entrevistas, encuestas y observaciones participantes o no participantes se debe actuar con naturalidad para evitar que los informantes, protagonistas y asistentes no se incomoden. Cierta vez una antropóloga estaba tan ansiosa al tratar de encontrar un dato que necesitaba en una entrevista que el informante para calmarla le dijo lo que ella quería saber. De ese solo dato ella construyó toda una etnografía, un modelo sistemático, creó su teoría, validó sus hipótesis, y se la pasó muchos años dando conferencias y discursos sobre su descubrimiento antropológico.

Décimo sétima regla: Beber bebidas alcohólicas.

La mayor cantidad de las personas gustan de bebidas alcohólicas y consideran que compartir una bebida es un importante detalle que significa confianza y simpatía. No beber es una debilidad del antropólogo. Esta regla no es obligatoria, pero tarde o temprano va a llegar el momento de compartir un trago.

Décimo octava regla: Elegir diversidad de informantes.

Tratar en lo posible de conseguir informantes de diversos y variados orígenes que representen de alguna manera la totalidad de la comunidad estudiada. El error de muchos antropólogos es entrevistar solamente a las autoridades o a las personas que se les acercan. Puedo mencionar aquí el caso de un antropólogo que solamente entrevistaba a las autoridades locales que ya habían sido compradas y sobornadas por una corporación minera y por un empleado de una embajada europea.

Décimo novena regla: Saber hacer bromas y conocer las bromas locales.

Es muy importante conocer el sentido del humor, las bromas y los chistes locales, y también saber hacer bromas y contar chistes que sean bien recibidos y que no sean mal interpretados. Los antipáticos y personas de mal gusto tienen más posibilidades de ser rechazadas y de sufrir la temida desconfianza. Se pierde la confianza, se pierde el trabajo de campo.

Nota: Discutí estas reglas con un grupo de antropólogos estadounidenses que me confesaron que ellos pagan a sus informantes por la ayuda recibida, nunca hacen 'real' amistad con los locales, dan algunos regalos en agradecimiento y solamente se preocupan por la reglas obligatorias que exigen las universidades e instituciones que dan el dinero para sus investigaciones.

'Eres los Estados Unidos,
eres el futuro invasor
de la América ingenua que tiene sangre indígena,
que aún reza a Jesucristo y aún habla en español'
(Rubén Darío, poeta nicaragüense)

Un primitivo en la civilización

Cada fin de semana, en un bar para latinos, un antiguo inmigrante peruano contaba sus historias reclamadas como reales. Don Chepe, como cariñosamente lo llamaban sus hijos y sobrinos, se deleitaba al contar sus raras anécdotas, originales ocurrencias y los singulares personajes que había encontrado en sus viajes por los Estados Unidos. Este es un resumen de algunas experiencias del simpatiquísimo Don Chepe acaecidas en casi treinta años de alegrías y penas en los Estados Unidos de América…

"Nací en 1960 en la ciudad piurana de Catacaos y me fui a estudiar la secundaria a Trujillo. Mi juventud fue buena, tuve muchos amigos, muchas alegrías y algunas novias muy bonitas. Quería ser médico cuando terminé el colegio, pero mis padres no tenían plata para pagarme los estudios, así es que trabajé y estudié administración en la universidad por tres semestres pensando en que el Perú iba a mejorar. Hasta que un día llegó mi tío de los Estados Unidos y me dijo que el Perú nunca se iba a mejorar, que él también había pensado que iba a mejorar cuando era joven, pero se había equivocado. Me aconsejó que me vaya a los Estados Unidos y eso hice. Yo ya estaba perdiendo mi tiempo en Perú saliendo con los patas, trabajando para los platudos y no ganando nada. Además, en los Estados Unidos yo tenía mucha familia que me iba a ayudar.

Me despedí de mis amigos y me vine a los Estados Unidos para estudiar y trabajar. Y la verdad, cuando llegué a este país, me sentí un pobre atrasado en medio de la verdadera civilización. Al principio fue difícil porque nadie tiene tiempo en este país para ayudarte y la gente cambia aquí. En Perú, mis primos y primas me decían que venga, pero una vez aquí ellos trabajaban y no tenían tiempo para ayudarme. Llegué en el año de 1981 cuando Haya de la Torre ya había hecho la nueva constitución y Belaúnde era presidente del Perú por segunda vez. Mis tíos que vivían en los Estados Unidos no se explicaban cómo Belaúnde había ganado las elecciones de nuevo si había sido un pésimo y corrupto presidente y cuyo gobierno fue muy malo. Por esa razón, Velasco Alvarado le hizo el golpe de estado, porque nadie hace un golpe de estado cuando el gobierno es bueno. Y a Velasco le hizo el golpe Morales Bermúdez ayudado por la CIA para que Velasco no le haga la guerra a Chile y a Pinochet quien era un títere de la CIA. Velasco ya tenía al ejército en Tacna para atacar a los chilenos, pero la CIA le hace el golpe con Morales Bermúdez. Eran tiempos de la guerra fría entre los Estados Unidos y la Unión Soviética. Los gringos ayudaron al fascista Pinochet para que haga lo que quiera en Chile y así desaparecer a los comunistas de Allende. Estados

Unidos regaló mucho dinero a Chile y ahora los ignorantes de Perú dicen que quieren un Pinochet en Perú para que desarrolle al Perú. Lo único que hizo Pinochet fue matar gente y llenarse los bolsillos con el dinero de los Estados Unidos. La familia de Pinochet tiene ahora más de mil millones de dólares en Suiza.

Hice bien en venirme a los Estados Unidos de América. Hoy día casi toda mi familia está acá y estamos contentos. Allá en Perú no pasa nada, todo sigue igual. Yo vine, estudié administración de negocios y he trabajado en varias empresas y no me quejo. Fue difícil, pero creo que si me quedaba hubiese sido mucho más difícil. Allá sigue igual y peor. Hace unos días llamó una sobrina que se quiere venir, así es que la voy a ayudar, está desesperada en venirse, quiere venir ahorita, hasta es fanática de la página web 'mequieroir punto com'. Le he dicho que se espere, que vamos a hacer las cosas bien, que estudie inglés, que tenemos que hacer todos los papeles como se debe hacer.

Cuando llegué aquí, entré a la universidad emocionado porque era una nueva aventura en mi vida y porque iba a aprender finalmente inglés. Tomé un plano en la recepción y caminé por los pasillos buscando la oficina de admisión. Todo se veía nuevo y reluciente. Me acordaba de las universidades peruanas y de lo pobre que eran. Hace unos años visité la Universidad de Trujillo y sigue igual de maltratada, que pena. Seguí caminando por interminables pasillos que estaban correctamente señalizados y de pronto me detuvo un militar que estaba reclutando soldados para ir a la guerra. Le dije que yo no era residente, que no era estadounidense y que no quería ir a la guerra, pero el soldado insistía e insistía y no se daba por vencido. Me preguntó sobre mis metas en la vida y mis pasatiempos. Le dije que quería estudiar y conocer el mundo y… no me dejó terminar porque me interrumpió y emocionado me dijo que no me preocupara, que si yo me enrolaba en el ejército iba a conocer el mundo y podía estudiar en las mejores universidades. Le dije finalmente que no, escapándome educadamente y me fui a la oficina de admisión donde me dieron un número que me identificaba en todos los trámites. La universidad me exigió comprar un seguro de salud carísimo, comprar libros originales también carísimos, y pagar otras cosas carísimas. Esto no estaba previsto, y bueno, desde que llegué a los Estados Unidos todo era carísimo.

Tú sabes, los militares buscan gente para enviar a la guerra. Tienen sus afiches donde el Tío Sam dice 'I want you', 'Te necesito'. Claro, el tío no dice para qué, pues es para pelear y morir por la patria. Muy vivos los políticos de Washington que no van a pelear porque se les arruga sus trajes caros. A los reclutadores los presionan peor que a vendedor de seguros. En Texas, creo, ya se han suicidado dos reclutadores porque no conseguían reclutas. Aquí el ejército te ofrece todo con tal de que pelees. Muchos muchachos pobres van a la guerra para conseguir una pensión o una beca para la universidad. Algunos van a pelear para tener la residencia o la ciudadanía.

Bueno, después de horas de trámites burocráticos y de gastar todo mi dinero, recorrí la universidad y por fuerza visité sus baños. Todo estaba brillante, limpio y ordenado. Y otra vez recordé a las universidades pobres peruanas donde no hay dinero y donde encima los estudiantes destrozan las instalaciones. Pobres haciéndose más pobres.

Después de varios días de estar en la ciudad donde me alojaba con mi tía en Dallas, Texas, me di cuenta de que yo era el único que caminaba por las calles desiertas. En muy raras veces encontraba a algunas personas pobres que deambulaban por las calles. Y también me di cuenta de que solamente ancianos que, seguramente no podían manejar sus autos, eran las únicas personas que viajaban conmigo en el autobús. Me demoraba dos horas para llegar a la escuela y dos horas para regresar a casa. Eso era demasiado tiempo para mí. Tenia que caminar en las noches después de las clases porque la parada quedaba muy lejos de la escuela, y eso cada vez era más terrible porque el invierno estaba llegando disimuladamente, pero estaba llegando. Tenía que comprarme un carro porque estaba cansado de caminar solo por las calles, la gente me veía como si yo estuviese perdido o algo parecido, perdía tiempo y todo estaba lejos. En Estados Unidos los peatones van en carro, las calles no tienen veredas y todo está construido para que los carros circulen rápidamente. Caminar en Estados Unidos es sentirte desamparado y pequeñito. Las autopistas acá son grandes y lo único que ves son carros que circulan rápidamente por todas partes. No ves gente por las calles.

Mis primos no querían prestarme sus carros para ir a la escuela o para conseguir trabajo. Tenían miedo de que yo lo chocara, aquí el seguro de carro es demasiado caro, pero muy, muy caro. Yo estaba desesperado porque me habían ofrecido trabajo pero no tenía carro, y sin carro, repito, no se puede ir a ninguna parte. Los carros son los zapatos en Estados Unidos, en Perú tú te pones los zapatos para salir, aquí tú te pones el carro. Un día estaba tan desesperado que una persona que apenas conocía, un muchacho joven de Honduras se dio cuenta y me preguntó sobre mi problema. Le dije que necesitaba un carro para una entrevista de trabajo y que mis primos ni nadie de mi familia me querían prestar su carro. El hondureño sacó las llaves de su bolsillo y me dijo que me llevara su carro para conseguir trabajo.

Finalmente, me compré un carro muy viejo, pero carro al fin de cuentas. Y estaba feliz. En aquellos tiempos los carros americanos todavía eran buenos, ahora los japoneses son mejores. Y los alemanes mucho mejores, pero son caros. Las compañías de carros, como han visto que los gringos tienen el carro por tres años, nada más, entonces fabrican carros que duran tres años. Y los carros americanos ahora son malos a propósito. Los gringos pueden hacerlos mejor, pero a propósito los hacen malos para que vayas a arreglarlos y a comprar repuestos. Allí, en servicio y repuestos, te ganan más plata. ¿No son inteligentes los gringos? Este país lo que tiene de bueno son los negocios.

Aquí se puede hacer plata. Miremos cómo viven los gerentes de las compañías de carros, o de bancos, o de cualquier otra corporación. Ellos son millonarios si hacer nada extraordinario. Cualquier empleado puede hacerlo mejor, por si acaso. ¿No vemos cómo ahora las corporaciones americanas están en bancarrotas todas? ¿Has visto la televisión, has visto el programa de Maddow en la NBC? (Don Chepe se refería al programa 'El Show de Rachel Maddow' del canal nacional NBC, transmitido en la noche del día 14 de setiembre del 2009), en el programa informan que la corporación *Wells Fargo* ya está gastando los veintinueve mil millones de dólares que Obama les ha dado para salir de la bancarrota, los directores del banco *Wells Fargo* han hecho una fiesta en una mansión de Malibú que el mismo banco ha embargado a una familia por no pagar, una fiesta de despilfarro donde los invitados llegaban en yates a la casa de playa. Esto es los Estados Unidos. Nadie dice nada porque todos admiran eso, y los pocos que protestan son acusados de comunistas por contramanifestantes pagados por las mismas corporaciones.

Bueno, decía que me compré mi carrito y con carro es otra la historia. De la casa de mi tía a la escuela en carro me demoraba quince minutos nada más. En autobús lo hacía en dos horas porque el bus iba por todas partes y paraba en cada esquina. Así, aquí se necesita carro, en Perú no porque hay combis que te llevan por todas partes. Claro, es muy inseguro y peligroso allá.

Con mi carro viejito todo cambió, me iba a estudiar, me iba trabajar y me iba a buscar chicas. El carro te da independencia, por eso cuando los gringos reciben su licencia de conducir se sienten tan bien. Aquí todos necesitan licencia de conducir para poder vivir, es por esto que la licencia de conducir es el documento de identidad aquí. En Trujillo nunca tuve carro, así que me bacilaba en los carros de mis amigos. Escuchábamos buena música de los ochentas e íbamos a 'La Cabaña' a encontrar a la gente. Yo nunca tuve carro en Perú, así que cuando me compré mi carro aquí en Estados Unidos escuchaba la misma música de los ochenta a todo volumen, y deseaba tanto estar con mis amigos de Trujillo, pero ya no era posible, aquí yo salía solo a pasear en mi carro por un momento nada más porque aquí la gasolina es cara. En Trujillo la gasolina era barata y nos íbamos a Huanchaco, a 'La Cabaña', al centro, a todas partes a pasear y a ver que pasaba sin preocuparnos de la gasolina. Aquí los gringos han invadido Irak porque necesitan gasolina.

La universidad gringa es mejor que la universidad peruana. En Perú, si el profesor jala alumnos es bueno, y si jala más alumnos es buenazo. Aquí, si tú aprendes lo que debes aprender, pasas los cursos. Aquí hay todo para estudiar, en Trujillo ni el profesor tenía el libro del curso. Es una lástima. Y según sé, nada ha cambiado.

En la época que vine era difícil comunicarse con la familia y con los amigos. Ahora es facilito. Por Internet todo se puede hacer. Antes si viajabas a Europa eras bacán. Ahora si viajas a Europa es porque no tienes trabajo. Los tiempos cambian, aquí ha cambiado todo, pero en Perú no ha cambiado nada. La gente allá cree que porque hay centros comerciales grandes ahora es mejor. Todo sigue igual, la última vez que fui a Perú, visité Cajamarca y Cusco, y ahora se ve más pobreza.

Cuando yo era estudiante, venían muchas chicas de Europa del este que querían quedarse y mis amigos latinos engañaban que eran ciudadanos americanos para poder estar con ellas. Incluso uno de ellos sigue haciendo lo mismo, pero por Internet. Se conecta con cientos de rusas que buscan un esposo americano para poder venir. Antes, ellos iban a los bares y mentían a las chicas que tenían la ciudadanía para poder conquistarlas. Ahora esto ha cambiado. En esa época habían más oportunidades aquí, ahora ya no. Conocí hace poco a un peruano que había venido hace poco y que estaba buscando por Internet una chica americana para conocerla, enamorarla y casarse por papeles porque él estaba ilegal aquí. Y como trabajaba mucho, no tenía tiempo para hacer vida social. Se inscribió en un montón de páginas web para conocer chicas y al final no conoció a ninguna americana sino a muchas rusas y ucranianas que querían lo mismo, venir y tener papeles aquí. Como no le funcionó su estrategia cibernética, empezó a salir y conoció una gringuita que ahora es su novia. ¿Y sabes lo que le ha dicho? Que ella quiere casarse con él pero para ir a vivir a Australia porque se vive mejor allá que en los Estados Unidos. Y él quiere quedarse aquí. Ahora, yo creo que si sigue mal la situación aquí, la gente va a empezar a irse de los Estados Unidos por primera vez en su historia. Al menos, sé que han quedado visas de trabajo disponibles por primera vez después de muchos años.

Hace veinte años te sentías lejos del Perú, no veías televisión peruana, no sabías nada de la gente, de tus amigos, de tu familia. Ahora con el Internet y el cable uno se siente cerca al Perú. Yo veo televisión peruana y me comunico por Internet con la gente. En Facebook leí una frase que es muy cierta, la frase decía: 'Borrachos sin fronteras. El símbolo que representa la unión de todos los países'. Estaba publicado en el perfil de un trujillano llamado Hernán Del Rio Vellutini que no conozco pero que lo tengo en mi Facebook. Y eso es verdad. En la universidad, aquí en Estados Unidos, yo tomaba todos los fines de semana y así hice amigos, chupando, bailando y contando chistes de todos los colores. Así chabacano como soy, la gente me buscaba porque les hacía reír con mi chispa. Y las chicas me perseguían porque a toda mujer le gusta la diversión. Eso me ayudó a conocer gente y a encontrar trabajo y oportunidades. Amigos míos que se la pasaban leyendo libros y que no tomaban, ahora son esclavos de corporaciones. Claro, ganan bien, pero no se divirtieron. Y así no es el asunto. Además, en los negocios, nunca se debe confiar en una persona que no tome.

Cuando llegué a este país no había tanto inmigrante, ahora hay más de doce millones de inmigrantes sin papeles. Antes la gente llegaba, sacaba su brevete, su número de seguro social y se ponía a trabajar. Los mexicanos cruzaban la frontera fácilmente y no había tanto control. Ahora la cosa está verde. Mis amigos mexicanos me dicen que la frontera está cada vez más difícil, que ya no es como antes. Un amigo mexicano me dijo que él cruzó la frontera tres veces, pero que la última vez estaba un poco peligroso hacerlo. Me dijo que algunos gringos van al desierto en Arizona y matan a los que cruzan. Lo hacen como deporte o porque son simplemente malos. Pero también hay gringos buenos que dejan agua en el desierto para ayudar a los que cruzan la frontera, pero ahora hay una nueva ley que prohíbe hacer eso, y si un gringo da agua a alguien que tiene sed y que cruza la frontera, se va a la cárcel. Eso es una pena. Creo que Obama va a dar papeles a todos, Bush quizo hacerlo pero no pudo. El día en que estaban votando en el congreso, las organizaciones racistas presionaban para que no se de papeles a los inmigrantes. A los empresarios les conviene que den papeles a los inmigrantes, a la economía americana le conviene, al gobierno le conviene, a todos les conviene. Los inmigrantes ayudan. El gobierno no puede botar a doce millones, pero las organizaciones racistas no quieren la legalización y hacen mucho ruido porque odian a los inmigrantes.

Yo conseguí papeles porque al terminar la universidad conseguí un trabajo en una corporación. Ellos pagaron por mi residencia y me comprometieron a quedarme en la empresa para siempre. Pero en el día que no me necesitaron, me despidieron en un minuto. Felizmente, encontré un trabajo rápido, porque aquí las cuentas te llegan cada mes, y si no pagas, pierdes todo, porque todo se paga al crédito. Así como te dan, te quitan en este país.

En un momento quise ser abogado aquí y en otro momento quise ser predicador de una iglesia. Los dos ganan mucho dinero en este país. Los predicadores religiosos ganan mucho dinero simplemente porque la gente quiere creer en algo y si tú hablas bien, te dan dinero, así de fácil. Los gringos son bien religiosos.

Yo era católico en Perú, pero ya no más. Recuerdo que las monjas del colegio de mi sobrinita eran bien malas y solamente se interesaban en el dinero. A mi pobre sobrinita la sacaron de la clase porque no había pagado la pensión. Si haces eso acá, los padres te denuncian y te meten a la cárcel por crueldad en contra de las criaturas. En Perú, no. Mi sobrinita estaba llorando en el patio y las monjas gordas seguían sacando a los estudiantes que debían dinero. Las monjas son peores que los hombres de negocios, ellas son dueñas de los locales más caros de la calle Pizarro de Trujillo. Aquí en Estados Unidos persiguen a los curas católicos pedófilos que abusaron de muchos niños. Los buscan, los enjuician y los meten presos. El problema es que la iglesia católica los defiende y los esconde de las autoridades americanas. En Perú, no. Imagínate, si en Perú habría justicia, meterían presos a casi todos los curas y monjas. Cuando yo les cuento estas historias de abusos de los curas o de los militares en Perú, los gringos me dicen que la civilización todavía no ha llegado al Perú.

Este país es un país de ganadores, aquí a todos les gusta ganar y la competencia es fuerte. Cuando recién llegué, yo no sabía eso y pensaba que todavía estaba en el Perú. Al comienzo yo era buena gente y me importaba más la amistad que el dinero. Aquí en Estados Unidos el único amigo que se tiene es el dinero. Aquí es otra mentalidad, aquí se trabaja, se construye, se soluciona problemas y se avanza. En Perú se discute, se hace la trampa y se sigue en lo mismo. Allá no pasa nada. Eso sí, en Estados Unidos hay de todo y los gringos son los más vivos del mundo. En Perú creen que son vivazos, creen que la viveza criolla es lo más vivo que hay, yo pensé lo mismo cuando vine a este país, pero ahora después de tantos años aquí me he dado cuenta de que los gringos inventaron todo aquí antes, el cuento de la lotería, la cascada, la pirámide, el carrusel, todas las estafas ya se han inventado acá. Mi tío cuando llegó a Estados Unidos, pensó que se había sacado la lotería porque le llegó un sobre con documentos de la lotería, con sus datos, incluso le llegó un póster de él con el anuncio que decía GANADOR DE LA LOTERÍA, y hasta le enviaron un cheque con dos millones de dólares. Así que el pobre de mi tío mandó traer a sus hermanas del Perú y les dijo que ya no tenían que trabajar. Una de ellas vino a Estados Unidos contenta para recibir su parte. Claro, el pobre de mi tío no había leído las letras chiquititas. Al final, no había ganado nada, todo era publicidad y engaño, pero aquí el engaño, la mentira, la viveza, están permitidos.

Pero todo eso funciona porque aquí la gente vive bien en

comparación con el resto del mundo, y además, los gringos son consumistas; es por esto que los gringos aceptan tanto abuso, prefieren el abuso a dejar de comprar cosas. Los gringos son creyentes y tienen fe. Son muy religiosos, van a misa, leen la Biblia, rezan todos los días. Por esto creen, o necesitan creer en el gobierno. Para los gringos, el gobierno de los Estados Unidos es como un Dios. Tan creyentes son, que el otro día un gringo perdonó a un asesino en serie que mató a su hija. En este país hay de todo, aquí encuentras los peores asesinos y los mejores amigos.

Yo estoy orgulloso de ser ahora ciudadano americano. Es mejor ser ciudadano del país que uno elige a ser ciudadano por nacimiento, que al final de cuentas es solamente una casualidad. Aquí el ejército te defiende, en Perú no, allá los cobardes generales mandan a los soldados pobres que fueron llevados a la fuerza para que peleen. Aquí la ley se respeta más, en Perú la ley no se respeta para nada. Aquí sientes que tienes derechos, en Perú no. Aquí el que quiere hace dinero, y si hay pobres es por su propia culpa, en Perú hay pobreza por culpa de los malos políticos que roban.

126

'Es mejor estar fuera del sistema pero nunca ir en contra de él'
(Advertencia de un familiar estadounidense)

Guía para el inmigrante latinoamericano en los Estados Unidos de América

Después de haber realizado varias reuniones con grupos de inmigrantes, es una buena idea dar algunos consejos beneficiosos a los inmigrantes latinoamericanos que han decidido mudarse en busca de trabajo a los Estados Unidos.

Aprender el inglés.

El idioma predominante y más hablado de los Estados Unidos es el inglés y se lo debe aprender si se quiere progresar en ese país. El saber hablar inglés correctamente abre las puertas a mejores trabajos y mejores oportunidades. Es un error creer que no es necesario hablar el inglés, claro, tal vez no sea necesario hablarlo en las comunidades hispanas y en los trabajos donde hay muchos hispanos, pero debemos reconocer que estas labores presentan menos oportunidades y menos recompensa económica. El gobierno estadounidense y las corporaciones ofrecen servicio en español a los inmigrantes debido a presiones de grupos que defienden los derechos de los hispanos, ocasionando al final un desconocimiento del idioma inglés y así una pérdida de la habilidad de poder comunicarse en ambientes con mejores oportunidades de empleo y educación. Estudiar inglés y evitar el uso de la información en español es una buena idea para el inmigrante. La mayoría no lo hace por falta de tiempo y recursos debido a que trabajan en oficios muy duros o porque son nacionalistas y creen que el español debe predominar sobre el inglés. Si no se aprende inglés, se está destinado a trabajos duros y de bajos salarios.

Legalizarse.

Legalizarse es importante porque permite acceder a mejores beneficios que ofrece el gobierno estadounidense a sus residentes y ciudadanos y porque se evita problemas legales. Hay muchas formas de legalizarse pero se desconocen porque los inmigrantes están muy ocupados y cansados haciendo sus trabajos mal pagados.

Conocer las reglas de juego.

Para poder trabajar y desenvolverse en una nueva comunidad se debe conocer las reglas de juego. Y las reglas de juego en los Estados Unidos son más estrictas y más rígidas que en Latinoamérica. Muchos hispanos creen que continúan en su país y terminan con muchos problemas con las autoridades.

Hacer buenos amigos locales.

Es necesario hacer amigos locales estadounidenses que estén bien establecidos por generaciones en el país. Estas personas tienen buenas relaciones y raíces profundas en la comunidad y por lo tanto pueden ayudar y asistir en casos de necesidad. Las relaciones abren puertas y más oportunidades. Es un error hacer amistades solamente entre inmigrantes que hablan español porque no se aprende el inglés y porque ellos también están en una posición de desventaja.

Tener autoestima.

La autoestima es una de las cualidades más importantes del ser humano que influye en el desarrollo personal. En Estados Unidos se debe tener mucha autoestima porque es una sociedad de competidores tenaces que tratan de hacer dinero de cualquier manera. Sin autoestima, se corre el peligro de ser explotado laboralmente y de ser maltratado de muchas maneras.

Buscar oportunidades.

Se debe buscar mejores oportunidades en todo momento. El error consiste en trabajar en lo primero que se pueda y en no pensar en mejorar la situación personal. Es cierto que el trabajo para los inmigrantes en los Estados Unidos es duro y agotador, pero se debe tener la fuerza para pensar y buscar mejores oportunidades en todo momento a través de amistades, contactos, anuncios, observaciones y oportunidades de negocio.

No trabajar para otros.

Trabajar para otros es un mal negocio y en los Estados Unidos, centro del capitalismo mundial, la explotación de los empleados es intensa. Las corporaciones hacen dinero porque en gran parte no compensan debidamente el trabajo de sus empleados. Es mejor buscar una oportunidad de negocio y arriesgarse que trabajar toda la vida para otra persona.

Ser atrevido.

Atreverse a hacer lo que más conviene para el desarrollo personal sin importar las reacciones de los otros. Muchos inmigrantes tienen ideas excelentes, pero no se atreven a realizarlas por temor, baja autoestima o falta de ambición.

Evitar en lo posible el sistema de vida estadounidense.

Se debe evitar en lo posible el estilo de vida estadounidense de consumo, abundancia, deudas, superficialidad, individualismo e ingratitud. Si se consume por consumir se malgasta dinero. Si se compra todo con deudas y tarjetas de crédito, entonces se trabaja para regalar dinero en intereses a las personas pertenecientes a la clase social ociosa.

Trabajar para vivir.

Se debe trabajar para vivir y no vivir para trabajar como hace el estadounidense medio.

Vivir en un barrio decente.

Vivir en un barrio decente puede determinar el futuro de los hijos y de la familia debido a la influencia de las amistades y de los vecinos. Residir en un mejor vecindario es caro, pero es una motivación para superarse. En los Estados Unidos, los barrios peligrosos están plagados de pandillas que reclutan niños causándoles daños irreparables para el resto de sus vidas.

Pertenecer a comunidades religiosas auténticas.

Es buena idea pertenecer a comunidades religiosas auténticas que tengan propósitos espirituales y no económicos. Esto ayuda a relacionarse, encontrar mejores oportunidades y a adquirir valores comunitarios. Lamentablemente, en los Estados Unidos han aparecido últimamente iglesias que se denominan 'cristianas', éstas solamente desean el dinero de los miembros a través de engaños y falsas promesas de salvación y curación.

Profesionalizar universitariamente a los hijos.

Los estudios universitarios mejoran la calidad de vida. En los Estados Unidos, los graduados universitarios obtienen mejores empleos que las personas sin diplomas universitarios. Por desgracia, una gran cantidad de inmigrantes hispanos empujan a sus hijos a buscar trabajo a temprana edad y a dejar sus estudios porque desean mayores ingresos económicos.

Sacrificar el presente para mejorar el futuro.

Si muchos inmigrantes tuvieron éxito en los Estados Unidos es porque sacrificaron el presente para asegurar un futuro mejor. Los inmigrantes latinoamericanos trabajan muy duro desde que llegan a este país para asegurarse su futuro, pero ahora en el siglo XXI, el sacrificio es diferente. En el pasado, los inmigrantes europeos venían y el gobierno les daba las facilidades necesarias para trabajar y apoderarse de las tierras de los denominados 'nativos', el ex presidente estadounidense Andrew Jackson, cuyo retrato se puede ver en los billetes de veinte dólares, fue un popular genocida y campeón en usurpar las propiedades de los ciudadanos de los países vencidos e invadidos por los europeos. En la actualidad, el gobierno hace todo lo posible para que los nuevos inmigrantes no se establezcan y sufran mayores dificultades. En consecuencia, el sacrificio es mayor y consiste no sólo en trabajar duro, sino también en estudiar para obtener una profesión y así dejar de hacer labores poco remuneradas. Tal vez los inmigrantes no lo puedan lograr, pero con su sacrificio, sus hijos y nietos seguramente lo lograrán.

Pensar.

Los inmigrantes latinoamericanos vienen endeudados y deben trabajar inmediatamente. Al vivir en los Estados Unidos, deben pagar, además de su deuda, el alto costo de vida de este país. Solamente hay tiempo para trabajar. Como tienen problemas con el idioma y los documentos, deben aceptar trabajos duros poco remunerados que agotan físicamente. Debido a que estos trabajos son mal pagados, entonces los inmigrantes deben trabajar más horas para ahorrar. Ante todo esto, se deja de pensar y se continúa en lo mismo, sin progresar y sin ver mejores oportunidades. 'Pensar' en progresar en todo momento y buscar mejores opciones es una buena idea.

Hacerse respetar en el centro laboral.

En general, los inmigrantes creen que no tienen derechos laborales porque no poseen todos los documentos en regla, Esto es falso. Todo trabajador, estadounidense o no, tiene los mismos derechos laborales en los Estados Unidos. Por este motivo, los inmigrantes deben hacerse respetar en sus centros laborales. Lamentablemente, muchos empleadores abusan de los inmigrantes y éstos no reclaman debido a que se sienten desprotegidos, lo cual no tiene razón de ser porque la ley los ampara también a ellos.

'Ellos no saben lo que dicen'

(Un arqueólogo estadounidense sobre los arqueólogos peruanos)

Un antropólogo primitivo en la civilización

En los Estados Unidos hay tres clases de antropólogos culturales nuevos: antropólogos en casa, antropólogos nativos y antropólogos indígenas. Los antropólogos en casa son los antropólogos de países ricos que investigan en sus propios países ricos; los antropólogos nativos son los antropólogos de comunidades dominadas que investigan a su propia gente; y los antropólogos indígenas son los antropólogos del tercer mundo que investigan en sus propios países tercermundistas.

Un ejemplo de antropólogo en casa podría ser un antropólogo estadounidense anglosajón californiano que estudia a los residentes de una comunidad de clase media alta anglosajona en California. Ejemplos de antropología nativa son los estudios de comunidades afroamericanas y de homosexuales realizadas en Estados Unidos por antropólogos afroamericanos y homosexuales respectivamente. Finalmente, el ejemplo de antropólogo indígena es todo antropólogo peruano que trabaja en el Perú.

Por supuesto, todos sabemos que el antropólogo tradicional estadounidense es el que investiga en un país pobre. En el caso del antropólogo peruano, este se auto identifica con los antropólogos que lee en los libros estadounidenses, franceses, alemanes o ingleses, de tal manera que la universidad es el 'país rico' y la comunidad que se estudia es el 'país pobre'.

El título de este libro contiene el alias de antropólogo primitivo porque un colega llamó así a todo tercermundista que se atreva a estudiar a los ciudadanos de los países ricos. Lo hizo medio en broma, pero comentó que ese atrevimiento no es el caso porque los antropólogos del tercer mundo carecen del poder para hacerlo.

Algunos colegas míos peruanos no gustan del sobrenombre de antropólogo indígena porque dicen que ellos no son 'indios'. Pero nadie ha dicho nada sobre el apodo de 'indio' que impusieron los europeos a los ciudadanos de los países de este continente. La palabra indio fue un error porque pensaron que habían llegado a la India. Debido al racismo imperante hasta hoy en día, indio es un insulto.

Cuando estuve en el centro arqueológico 'El Brujo', encontré allí un soberbio arqueólogo estadounidense que decía a los turistas que los arqueólogos de la Universidad Nacional de Trujillo no sabían analizar ni interpretar los centros arqueológicos locales del norte del Perú. Igualmente soberbio, cuando estuve haciendo mi trabajo de campo en los Estados Unidos, les dije a los antropólogos estadounidenses que ellos no sabían analizar algunos aspectos de su propia cultura. Después escuché comentarios de que yo no era un antropólogo entrenado. Más tarde me enteré de que en los Estados Unidos se debe ser mínimo Ph.D. (Doctor) en antropología para ser antropólogo.

Uno de mis pasatiempos favoritos durante mi estancia en

los Estados Unidos consistía en asistir a conferencias, seminarios y cursos sobre estudios latinoamericanos. Me encantaba ver los documentales sobre los Moche, el señor de Sipán, Chan Chan, los Chimú y las Huacas del Sol y de la Luna. Después de ver cientos de horas de información sobre las sociedades norperuanas, me di cuenta de un detalle: todos los expertos que hablaban sobre la vida de mis antepasados no eran peruanos. En la televisión vi muchos programas sobre el Perú analizados por gente extranjera, en las conferencias observé desfilar docenas de estudiosos del Perú que no eran peruanos, en los largos y especializados documentales sobre los estados de la costa norte del Perú, solamente pude ver paisajes peruanos y rostros europeos o estadounidenses explicándolos. ¿Arqueólogos o antropólogos o historiadores peruanos? Ninguno.

El conocimiento es poder y tiene un inmenso valor económico, cultural, político y militar. No tiene sentido sin un país invierte el dinero de sus ciudadanos en extranjeros.

'Cheat Me Once, Shame on You. Cheat Me Twice, Shame on Me'
(Me engañas una vez, es tu culpa. Me engañas dos veces, es mi
culpa)
(Popular proverbio estadounidense)

Aspectos de la cultura estadounidense

Es posible mencionar algunos aspectos particulares de la cultura estadounidense que sobresalen sobre los demás. Estas opiniones son vertidas desde diversos puntos de vista, desde el punto de vista de un antropólogo procedente de un país pobre y desde los puntos de vistas de inmigrantes latinoamericanos, europeos, nativos y estadounidenses. Por supuesto, estas opiniones son muy generales y parciales. Empezaremos por el más importante de todos: el lenguaje.

Lenguaje

El inglés es el idioma más hablado y dominante de los Estados Unidos de América pero no es el idioma oficial. Es más, Estados Unidos no tiene un idioma oficial. Últimamente muchos grupos anti inmigrantes estaban exigiendo al gobierno que elija al inglés como el idioma oficial porque ellos estaban hartos del uso del español dentro del territorio estadounidense. Muchos de estos grupos están preocupados de que el inglés pierda su hegemonía debido a la gran cantidad de inmigrantes hispanos que cada vez más crean la necesidad del uso del español.

Funcionarios del gobierno federal aconsejan estudiar el inglés a los inmigrantes hispanos, pero al mismo tiempo ofrecen muchas facilidades en los trámites burocráticos como documentos en español, traductores y una atención al cliente bilingüe. Esto causa que los hispanos crean de que no sea tan necesario el aprender inglés. Inmigrantes de otros países que no reciben los mismos privilegios tienen por fuerza que aprender el inglés, al inicio es un obstáculo más, pero a largo plazo es mejor porque, al no haber servicios oficiales en el idioma del inmigrante, éste tiene que aprender el inglés. Esto ocurre menos con inmigrantes hispanos quienes se sienten cómodos al recibir atención bilingüe tanto por parte del gobierno como parte de las empresas privadas. La consecuencia es que muchos inmigrantes hispanos no aprenden el inglés y se condenan a realizar trabajos poco remunerados donde no se necesita el uso del idioma sino simplemente el trabajo manual.

El español que predomina es el mexicano porque ellos son la mayoría de hispanos en los Estados Unidos. Cabe mencionar que México es el país con mayor población hispanohablante del mundo. Esto ocasiona que haya malentendidos porque existen grandes poblaciones de otros países que tienen sus propios dialectos.

Muchos hijos de inmigrantes tienen vergüenza de hablar español porque lo asocian con atraso y falta de educación. Por esto tratan de hablar solamente inglés y de aprenderlo perfectamente para sentirse parte del país y ser considerados plenamente estadounidenses y no ser confundidos con inmigrantes recién llegados que no saben español. Saber el inglés es muy importante porque significa 'buena educación y plenos derechos legales'.

El español que se habla en los Estados Unidos se diferencia del español estándar debido a la traducción literal que se hace del inglés. Existen palabras que se suponen son palabras españolas pero que en realidad son 'espanglish'.

Familia

La familia generalmente es nuclear, se basa en el individualismo y en la preparación de los miembros para su independencia sentimental, moral y económica. No hay mucho contacto físico entre los familiares y generalmente los hijos no se encargan del cuidado de sus padres cuando son ancianos. Muchos latinoamericanos se sorprenden de la frialdad de los estadounidenses en su trato entre ellos porque no se tocan mucho, y además les parece muy extraño el deseo de los padres para que sus hijos sean independientes a temprana edad, entre dieciocho y veintiún años. Los miembros de las familias estadounidenses se dedican a su desarrollo personal de una manera muy individual. La familia extendida no es tan importante para lograr este objetivo.

Consumo

La cultura del consumo predomina en los Estados Unidos y va de la mano con el deseo de comodidad y abundancia de su población. La economía permite un alto nivel de poder adquisitivo por lo que la población trabajadora compra todos los bienes y servicios necesarios para vivir con comodidad. Los negocios que venden bienes y servicios caros y de larga duración de vida, como electrodomésticos, automóviles, casas y equipos en general, están dispuestos a ofrecer crédito a sus potenciales clientes para poder vender sus productos y cobrar después con interés. La población estadounidense desea su casa propia adecuadamente amoblada y bien equipada, para esto solicita crédito y se endeuda por unos veinte a treinta años. La mayoría de las familias estadounidenses trabaja para pagar los bienes que las corporaciones producen y crean como necesidad a través de la publicidad.

Género

La diferencia entre lo femenino y masculino es menor en los Estados Unidos de lo que es en Latinoamérica o en otros países del tercer mundo. Las mujeres estadounidenses tienen gran presencia en las universidades y la mayoría de mujeres no depende de los esposos para poder subsistir como ocurre en países pobres.

Individualismo

Es muy marcado el individualismo de los estadounidenses que se asocia con la competitividad, el arribismo, y la propiedad privada. Según lo observado, los estadounidenses comparten muy poco sus bienes. En las universidades, escuelas y asociaciones es evidente el preferente uso individual de los materiales y se cede su uso voluntariamente a otros solamente si se los solicita. Esto es muy diferente a la cultura andina donde se comparte con mayor regularidad.

Religión

La mayoría de estadounidenses se considera a sí misma cristiana, estudia la Biblia, asiste a misa los domingos, pertenece a grupos religiosos y frecuenta asociaciones de sus iglesias. Los estadounidenses creen que Dios está de su parte porque dicen que ellos viven de acuerdo a las santas escrituras. La navidad es la fiesta más importante de todo el año. Los musulmanes son los enemigos religiosos más importantes.

Las elites gobernantes, que son anglosajonas y protestantes, son muy religiosas y creen en la Biblia. Desean que los judíos estén en su tierra prometida, Israel, para el juicio final. Por este motivo, el gobierno de los Estados Unidos ayuda a Israel en su supervivencia. Los palestinos no son importantes para la fe de los cristianos oligarcas estadounidenses, por lo tanto, el gobierno estadounidense no condena el genocidio del estado neonazi israelita.

Educación

En Estados Unidos se puede encontrar las mejores escuelas del mundo y también las peores. Las escuelas primarias y secundarias no exigen mucha disciplina debido a los derechos de los alumnos y tratan de ser competitivas en relación con otras escuelas para recibir ayuda económica del gobierno. Las universidades basan su calidad de educación en la investigación. Los estudiantes que obtienen buenas notas reciben ayuda financiera y becas de estudios para poder estudiar en las mejores universidades del país.

Tecnología

El gobierno estadounidense todavía posee la mejor tecnología del mundo que le asegura su supremacía económica y militar. Las investigaciones e innovaciones tecnológicas son sumamente importantes y son realizadas por corporaciones, empresas privadas, universidades y el gobierno. El ideal es mantener el liderazgo en la tecnología de última generación para mantener el poder, entonces se puede delegar a países como Japón y China la producción de tecnología pasada.

Armas

Tal vez, lo más importante que debe tener un imperio es su armamento y parece ser que los Estados Unidos tienen las armas más letales y poderosas del mundo. Con armas superiores, todo imperio puede dominar a otros países y así mantener su estilo de vida.

Inmigración

Estados Unidos es uno de los países más atractivos del mundo para la inmigración proveniente de los países pobres. Parece ser que los primeros pobladores del territorio de los Estados Unidos llegaron hace miles de años provenientes de Asia a través del océano Pacífico. Por miles de años desarrollaron su cultura y poblaron todo el territorio conformando diversas naciones. Los europeos inmigrantes, principalmente españoles, ingleses y holandeses, llegaron a estas tierras hace unos quinientos años y los eliminaron y expulsaron porque poseían armas más efectivas. En la actualidad, la inmigración continúa y la lucha entre los inmigrantes antiguos y modernos tiene diferentes características: ahora los nuevos inmigrantes no tienen las armas.

Racismo

El racismo es evidente en los Estados Unidos porque se puede ver cotidianamente en la división del trabajo y en las redadas de la policía de inmigración que persigue a personas con rasgos físicos latinoamericanos exclusivamente. Además, el gobierno utiliza información racial para definir en gran medida sus políticas. Aún así, no es tan intenso e injusto como en países racistas conocidos como el Perú o México.

Identidad

La mayoría de estadounidenses se identifica con el lado bueno del mundo y por lo tanto Dios está de su parte, también cree que su gobierno es la policía del mundo, defiende la democracia, la verdad, la libertad y la justicia.

Ley

El cumplimiento de la ley es muy estricto en los Estados Unidos. El cumplimiento de la ley es una de las características más notorias en la gran diferencia entre los países latinoamericanos y los Estados Unidos.

Moral

La moral del gobierno no siempre coincide con la moral de la población. El gobierno estadounidense basa su moral en los objetivos del país (elite) como potencia mundial eterna. La población estadounidense basa su moral en sus deberes y derechos como ciudadanos temporales que deben vivir de la mejor forma posible según las condiciones dadas por el gobierno de turno. Todo lo que sirva para la supremacía del país es considerado moralmente bueno por los gobernantes.

Valores

Algunos valores estadounidenses interesantes son la defensa de la explotación capitalista y el deseo de bienes materiales. Este último valor racionaliza el primero. Las corporaciones y el gobierno han logrado que la población comparta y acepte la explotación laboral en parte justificada por los valores de competitividad, productividad y obediencia a la ley que son aprendidas durante toda la vida. El deseo de consumo de bienes materiales se debe en parte a la publicidad que tiene el único objetivo de vender y generar riqueza. Los estadounidenses aprenden desde muy niños el placer de adquirir y poseer productos sin importar su necesidad real.

Cosmovisión

Para la mayoría de los estadounidenses, el mundo se reduce solamente a su país. Estados Unidos es el 'universo' y todo lo importante que ocurre en la historia humana se centra en el país. El etnocentrismo es muy fuerte en la cultura estadounidense e influye en su manera de pensar y actuar. Los estadounidenses creen que los países de todo el mundo son moralmente y culturalmente inferiores.

Política

El mundo de la política estadounidense recae sobre dos partidos políticos, los demócratas y los republicanos. Ambos son muy parecidos y se diferencian solamente en que los demócratas defienden un poco más al trabajador y los republicanos defienden un poco más a las corporaciones, pero ambos grupos políticos defienden y mantienen el estatus quo. Otras agrupaciones políticas con menor poder y críticas del sistema establecido son sistemáticamente eliminadas o mantenidas al margen.

Imperialismo

Tanto el gobierno como los habitantes defienden el imperialismo estadounidense. Todos los habitantes de los Estados Unidos se benefician del imperialismo y del dominio económico, político y militar de su país sobre el mundo. La mayoría de estadounidenses gusta intensamente de la comodidad, por eso se genera la gran demanda de tecnología que facilita las labores diarias. El estadounidense necesita muchos equipos para vivir cómodamente y el gobierno debe satisfacer esta necesidad. Como ningún país regala sus recursos gratis, la solución es la invasión y el imperialismo. Todo imperio que ama la comodidad necesita recursos y bienes para poder existir y reproducirse. En el fondo, todos los imperios son lo mismo: un grupo de gente privilegiada que gobierna un pueblo cómplice que cree que tiene el derecho de vivir bien por cualquier medio. Así fueron también los imperios español,

144

egipcio, inca o azteca.

Historia

La historia estadounidense se caracteriza por las guerras y la visión a largo plazo de sus gobernantes y elites dominantes. La guerra civil entre estadounidenses fue la más cruel y la más fatal de todas las guerras. Las elites gobernantes han planificado el desarrollo del país buscando metas a largo plazo y buscando siempre el dominio mundial.

Música

Existe una discusión generacional en los Estados Unidos sobre cuál música fue mejor, si la música de los años setenta o la de los años ochenta.

Trabajo

El trabajo en los Estados Unidos está dividido según las clases socioeconómicas y las razas. Los mejores trabajos generalmente pertenecen a las clases privilegiadas y a los que pertenecen a la raza anglosajona. Los trabajos más duros y menos pagados son realizados en general por los afroamericanos e hispanos.

Economía

La producción de bienes y algunos servicios se están trasladando a países pobres porque los propietarios de las empresas desean pagar menos salarios y menos impuestos. Los países pobres cobran menos impuestos a las corporaciones extranjeras y no exigen el cumplimiento de los derechos de los trabajadores con el propósito de atraer a la inversión extranjera.

La distribución de la riqueza es desigual debido a que los ricos creen que es injusto dar más dinero a través de impuestos para el beneficio de la sociedad. Todo intento de crear políticas sociales más justas es acusado de comunista por manifestantes pagados por las corporaciones.

Territorialidad

El sentimiento de las posesiones territoriales de los ciudadanos estadounidenses es muy fuerte y ellos defienden sus propiedades vehementemente en contra de cualquier amenaza externa. La agresividad de los propietarios estadounidenses en contra de cualquier intruso es impresionante. Esto contrasta con la mayoría de latinoamericanos residentes en zonas rurales. En la selva amazónica peruana, personalmente he recibido mucha hospitalidad a pesar de haber invadido los territorios de la gente local. En los Estados Unidos, casi soy eliminado por haber hecho lo mismo sin darme cuenta.

El sentimiento de culpa sobre los nativos americanos y los esclavos africanos

El gobierno estadounidense y gran parte de la población sienten culpa por lo que hicieron con los nativos americanos y con los esclavos afroamericanos. Para aliviar esto han creado muchas leyes que favorecen económicamente a estos grupos. Es decir, dan ayuda económica para exculpar los abusos y crímenes en contra de la humanidad.

El sentimiento de compasión.

El grado del sentimiento de compasión o lástima de los

estadounidenses es muy bajo en comparación con el demostrado por los latinoamericanos. Tener lástima o sentir pena por uno mismo o por alguien, no es parte de la cultura estadounidense. Por el contrario, los latinoamericanos frecuentemente expresan lástima y pena por sí mismos y por el prójimo.

Sistema del modo de vida de los Estados Unidos

1. CORPORACIÓN AMÉRICA

↓

2.   GOBIERNO

↓

3.   EDUCACIÓN

↓

4. PREPARACIÓN PARA TRABAJAR

↓

5. TRABAJAR PARA LA CORPORACIÓN AMÉRICA

↓

6. SATISFACER NECESIDADES

↓

7. SALARIO   →   PERSONALES →
    CORPORACIÓN
AMÉRICA

↓

8. IMPUESTOS → GOBIERNO   →
    CORPORACIÓN AMÉRICA

↓

9. TRABAJO → PROPIETARIOS DE
CORPORACIÓN AMÉRICA

1. La corporación América posee los Estados Unidos de América. Está conformada generalmente por hombres anglosajones protestantes propietarios de las corporaciones, personas que detentan el poder político, militar y económico. La elite que conforma la corporación América, defiende el capitalismo, la empresa privada y la acumulación de riqueza ilimitada. Están en contra del comunismo y de las políticas sociales. La corporación América maneja en algunos asuntos al gobierno estadounidense.

2. El gobierno de los Estados Unidos recibe el respaldo de la Corporación América. Tienen un mutuo acuerdo por conveniencia. El gobierno educa a la población a través de un sistema público de escuelas.

3. El gobierno facilita la educación de la población para que se prepare para el mundo laboral. Lo importante es preparar mano de obra para la corporación América: obreros, ingenieros, economistas.

4. La población estadounidense se educa e instruye para obtener trabajo y así pagar sus gastos.

5. En Estados Unidos se trabaja, tarde o temprano, para la corporación América. La mayor parte de la riqueza creada en el trabajo beneficia a la corporación América.

6. En la mente de la mayoría de los estadounidenses, ellos trabajan para sí mismos y para satisfacer sus

necesidades.

7. El salario que se destina a consumir bienes personales, atención médica, seguros y otros gastos dentro del país, benefician igualmente a la corporación América.

8. Los impuestos obligatorios que los estadounidenses pagan al gobierno beneficia a la corporación América porque ésta tiene un acuerdo de mutuo beneficio con el gobierno. El gobierno siempre defiende primero a la corporación América, a la empresa privada, a las corporaciones, bancos, seguros, franquicias, cadenas de todo tipo.

9. En realidad, el trabajo en sí beneficia más a los dueños de la corporación América que a los propios trabajadores porque los dueños está acumulando más riqueza y los trabajadores no lo están haciendo.

La antropología es un lujo científico y académico que pocos antropólogos pueden gozar en forma realmente plena. Generalmente, los antropólogos pertenecen a los países 'ricos' y están respaldados por universidades con mucho dinero. Ellos visitan los países 'pobres' en busca de ideas útiles, novedosas e interesantes. Históricamente, los antropólogos privilegiados han buscado su reconocimiento profesional en lugares considerados lejanos y 'primitivos'. En este libro, sucede lo contrario.

Ricardo L. Sabogal, es antropólogo peruano y profesor de cultura latinoamericana. Ha realizado trabajos de campo por quince años en la comunidad campesina de Tambomachay en Cusco, en la selva amazónica, en Huanchaco-Trujillo, en Italia y en los Estados Unidos de América. Es autor de las siguientes obras de antropología: *El Club de los Lagartos, El Turista Equivocado, Vivir y Morir en Tambomachay, Perdonando a Dios, La Teoría No de los Ciudadanos, Los Primeros Surfers Naturales del Mundo, Antropología Insurrecta, El Profesor de Español y Tup el Pescador.*